LA META MAS ALTA.

ES EL AMOR

DEDICATORIA.

A mi maestro, a ti Jesús

ÍNDICE.

INTRODUCCIÓN.

Si usted es alguien que se encuentra en un laberinto en su vida, desconoce la salida, lleva tiempo atrapado en esta situación y teme tomar decisiones, aunque está convencido que debe hacerlo, es un gran candidato para leer este libro, le pido que no se detenga y aun en el momento que termine de leerlo, le sugiero que siga indagando respecto a las cosas que le serán reveladas a su vida, seguramente Dios traerá libertad a su corazón y no debe descuidarla ni perderla.

Hoy estamos viviendo tiempos muy desoladores, que no podemos unirlos a nuestras situaciones y circunstancias personales porque volvemos nuestra vida un caos, sin embargo, tampoco podemos ser desconocedores de lo que pasa a nuestro alrededor ya que en el mundo estamos, pero estoy segura de que sabiendo afrontar las dificultades podemos seguir construyendo, aunque el círculo siga rodando.

Muchas personas y puedo decir que la mayoría de los seres humanos se encuentran prisioneros dentro de cuatro paredes que les impide desarrollarse plenamente en la vida y se perciben lejos de cumplir el propósito por el cual vinieron a esta tierra, a eso añádale el vivir en un constante error tras error en la interpretación de la vida cristiana hasta encontrarse en un callejón sin salida el cual culmina con irse de la iglesia, volver a la vieja manera de vivir o acomodarse a un estado espiritual y emocional que para nada satisface su convicción de caminar en AMOR.

La humanidad corre de un lado a otro buscando ser amados, busca con todo su ser aferrarse a un sentimiento que, en la mayoría de las ocasiones, no viene del amor ni los lleva hacia él, solo para terminar experimentando con el tiempo que no era lo que esperaban, la razón de todo esto es que buscamos amar y ser amados de una manera equivocada, y puedo decir con convicción, que el amor no es algo, es alguien.

Sin lugar a duda hay rincones en la vida del creyente que solo él conoce y sabe que debe alinearlos con Dios y su llamado, pero para esto es muy necesario tomar en control los prejuicios congregacionales, los miedos a aprender algo nuevo, el orgullo a perder y la comodidad de vivir a expensas del conocimiento de otros y empezar a caminar de la mano de Jesús, para conocerlo y permitir que nuestras vidas sean llevadas hacia la buena voluntad de Dios, y digo tomar en control porque son amenazas que siempre van a estar latentes en nuestra vida, es por eso por lo que jamás debemos descuidar la relación con Dios a través de la oración y la meditación de su palabra.

No hay que esperar a que estas amenazas desaparezcan de nosotros, ya que irán y vendrán para tentarnos y querer esclavizarnos a nuestra humanidad.

Escuche esto, no importa cuántos años lleve de ser creyente o cuanto tiempo ejerciendo liderazgo si usted hoy debe tomar la decisión de afrontar esos rincones, busque la convicción de Dios

en su vida y decida empezar a caminar hacia su propósito, aunque las circunstancias no parecen las mejores, aunque media humanidad esté en contra y sus mismas habilidades parecen nulas, deje atrás todo, solo con el único propósito de conocerlo a él.
Camine en medio de sus debilidades, fortalézcase en Jesús y entierre cualquier título o reconocimiento que le hayan otorgado, aunque se quede sin nada, créame llegara a ser uno con él, y eso lo es todo.

Pablo lo dijo así:

Antes creía que esas cosas eran valiosas, pero ahora considero que no tienen ningún valor de acuerdo con lo que Cristo ha hecho. Así es, todo lo demás no vale nada cuando se le compara con el infinito valor de conocer a Cristo Jesús, mi Señor. Por amor a él, he desechado todo lo demás y lo considero basura a fin de ganar a Cristo y llegar a ser uno con él. Filipenses 3: 7-9.

Lo invito a leer este libro y así conocer la razón por la que un ser humano puede llevar una vida vacía, sin disfrutar lo único que trae descanso, paz y gozo a nuestra vida y esto es: la bendita presencia de Dios que se mueve a través del amor.
Creo que aún es tiempo de volver en sí, acudir a la sublime gracia que puede envolver al más desdichado de los seres y ponerlo tan alto como solo Dios sabe hacerlo. Hagamos este viaje juntos y crezcamos a tal punto que miremos atrás y digamos solo quiero continuar de su mano sin desviarme a derecha o a izquierda, pongo mis ojos en Jesús el autor y consumador de la fe, todo porque sencillamente, él es el amor.

LA MASCARA DEL AMOR.

Lo que decimos que somos no nos define, pero la manera como vivimos si dice realmente quienes somos, es definitivo que lo seres humanos solemos guardar un viciado ser interior, con un celo que terminamos convencidos que podemos vivir así toda la vida sin asumir consecuencias, pero estamos muy lejos de la verdad si pensamos de esa manera ya que nuestra manera de vivir, decidir, actuar, hablar terminan delatándonos.

No podemos construir una vida sobre un carácter y un amor fingido, porque todo aquello que no es real termina desapareciendo y exponiéndonos en cualquier momento, y no podremos sostener aquello que no es verdadero. Las dos cosas que quisiera tratar en este capítulo son: la insostenibilidad de una apariencia de piedad y el hecho contundente que los errores sostenidos y justificados en nuestra humanidad terminan por alcanzarnos, así estemos años aparentando amar, ser amados y sentirnos amados, la gente alrededor nuestro puede hasta creerlo y como es probable que ellos estén en la misma condición muy difícil mente volveremos al camino, a no ser por la intervención contundente del verdadero AMOR en nuestras vidas.

El amor sea sin fingimiento. Aborreced lo malo, seguid lo bueno. Romanos 12:9

Es claro que todo aquello que tiene apariencia de piedad es malo, y la apariencia no es otra cosa que mostrar físicamente algo y experimentar iniquidad internamente, sin exponer nuestro ser a la intervención de la verdad genuina de quienes somos.

La vida del ser humano no pude ser sostenida por mucho tiempo con apariencias, en algún momento de nuestros días, el descontento por los resultados obtenidos no nos satisface y es ahí donde creemos no entender lo que nos pasa y si no hemos construido un altar donde podamos ser redargüidos y guiados hacia la verdad, pues entonces esto termina por alejarnos de la vida cristiana que un día abrazamos con tanta esperanza.

Tener una apariencia de piedad es algo que cualquier creyente pude estar viviendo sin darse cuenta, y por lo general se evidencia cuando somos personas diferentes en la iglesia, en nuestras familias, en nuestros trabajos y hasta en los lugares de estudio, creemos que demos actuar como las personas que nos rodean, lejos de imaginar que en algún momento tendremos que asumir las consecuencias de llevar una vida que no está respaldad por Dios.

Pues, aunque andamos en la carne, no militamos según la carne; 2da Corintios 10:3

Y es que muchas veces en el afán de ser aceptados por la sociedad o el mundo, terminamos adoptando comportamientos que definitivamente no van de acuerdo con la verdad de caminar en el amor de Jesús, aun dentro de la misma iglesia nos acostumbramos al modo de actuar de otros que se convierten en normales y acabamos aceptándolos como si provinieran de Dios, y la razón de esto es que asumimos que, si otros creyentes lo hacen, entonces está bien.

Fingimos amar cuando actuamos en contra de principios establecidos por Dios a nuestras vidas, sin importar lo que sintamos, si la manera en que demostramos ese amor rompe con un mandato divino, estamos desobedeciendo, y se convierte en un amor fingido, así digamos cosas buenas y nos haga experimentar satisfacción emocional en ese instante.
Una apariencia de piedad lleva a las personas a darles la razón a otras así no estén en lo correcto, lleva a los padres a cubrir los pecados de sus hijos, escudándose en su amor por ellos, lleva a los amigos a encubrir faltas graves y animar a seguir por senderos equivocados que, aunque parecen buenos su final es de muerte.
El amor fingido tiene tanta apariencia de piedad que en los gobiernos se establecen leyes para favorecer a aquellos que actúan y viven en contra de lo establecido por Dios, alegando que luchan por los derechos humanos.
Es claro que jamás podremos amar genuinamente lejos de la palabra de Dios, puesto que está comprobado que por más que un hombre haga por otro, jamás será suficiente para satisfacer las expectativas de los demás, sino pregunte al esposo que siente que por mucho que trabaja por el sustento de su casa, no es apreciado como el cree que merece, o a la mujer que experimenta que entrega todo su tiempo para cuidar a la familia y no se siente retribuida, o al empleado que nunca tiene suficiente pago a cambio de su trabajo, al hijo que por más que reciba hay algo que le falta.
Solo en el momento que decidimos confrontar ese ser interior que escondemos y ponerlo frente a la verdad, empezamos a darnos cuenta de que la cosecha que tenemos no es más que el resultado de una vida sembrada en orgullo, egoísmo, autosuficiencia y engaño, la buena noticia es; que el día que decidimos dar el giro y

enderezar sendas, acudimos a la misericordia de Dios, todo va a cambiar y recibir gracia tanto para nosotros como para las personas que nos rodean y eso incluye nuestra generación.
Cabe anotar que fingir amor aun siendo creyentes, tiene que ver con la religiosidad y el orgullo en nuestro corazón, porque probablemente estamos convencidos que caminamos en lo correcto, y podemos vivir bajo esta mascara aun creyendo que actuamos agradando a Dios, y quiero escribir a aquellos que aunque llevan 5, 10, 20 o 30 años en una congregación y siguen tomando decisiones guiados por parámetros que establece el sistema del mundo, alegando que no hay otra salida, manejan sus negocio como lo hace alguien que no conoce las escrituras, arreglan sus situaciones a la manera que ven a otros hacerlo y la razón debe ser esta: que NO conocen las escrituras, no importa cuánto tiempo llevemos en la iglesia, si no conocemos las escrituras, no conocemos a Jesús, porque él es la palabra Juan 1:14
Por otro lado está demostrado que la apariencia de piedad viene acompañada con una gran dosis de carisma, la cual hace que operemos únicamente en nuestra capacidad de caerle bien a los demás y nuestra mayor preocupación siempre va a ser agradar a la gente que nos rodea, que nos tengan en alta estima, nos quieran, siempre estén hablando bien de nosotros y estén de acuerdo con lo que hacemos, algunas personas buscan la amistad de cuanto ser humano los rodea pero en realidad no se comprometen con nadie, a la primera falla que ven en alguno lo alejan de sus vidas alegando que los traicionaron y que les fallaron, siempre el error va a ser de otros pero nunca de ellos, suelen cambiar de amigos como de camisa, no pueden ser leales en su corazón y la razón es que siempre están rumiando en su buena manera de actuar con otros y lo buenos que son con los demás y ni por un momento

miran las escrituras de frente para comparar sus vidas con lo establecido en la palabra, pueda que siempre estén aprendiendo pero esta apariencia de piedad nunca les deja llegar a caminar en la verdad. 2da Timoteo 3:1-7

El amor fingido trata con todo aquello dentro de nosotros que esta encubierto, que solo es conocido por Dios y por nosotros y se disfraza con palabras lindas, carisma, actos de apariencia de piedad sin eficacia de ella, lagrimas fingidas, a algunos les puede parecer muy duro lo que estoy diciendo, pero a medida que vaya leyendo este manuscrito se sorprenderá de cuantas cosas internas impiden nuestro verdadero gozo y paz aquí en la tierra.

También se sorprenderá de los alcances del ser humano cuando está totalmente alejado de una vida en la verdad de Dios.

El inconveniente con todo esto es que no solo encubrimos nuestras faltas, sino que a medida que crecemos en circulo de relaciones o familia, se nos convierte en habito encubrir a las personas que nos rodean y que nos caen bien o que de una u otra manera necesitamos que estén de nuestro lado. La verdad siempre me pregunte;

Por qué, el 80% de los creyentes parecieran vivir en derrota en todo sentido?

No hay eficacia en las relacione con sus hijos, matrimonio que están a flote a raíz de la ley del aguante, o a punto de separarse, escases financiera, e inclusive poca ventaja en cuanto a las personas no cristianas, y no es que quiera hablar de doctrinas de prosperidad ni nada de eso, tampoco estoy diciendo y afirmando que después que entregar nuestra vida al señor entonces todo es color de rosa y los problemas se acabaron, lo cual está totalmente fuera de la palabra de Dios, hoy quiero hablarle de un Dios que cumple lo que dice, que su santidad esta sostenida por el cumplimiento de sus promesas, que jamás se niega así mismo, sino que su palabra obra en aquello para lo cual fue enviado y en ese sentido quisiera que miramos el siguiente texto.

El que ENCUBRE sus pecados NO prosperara, pero el que los CONFIESA y se APARTA, alcanzara misericordia. Proverbios 28:13

Acabamos de leer una promesa de Dios, que funciona tanto para que vivamos eficazmente y también funciona para que vivamos derrotados dependiendo de la obediencia a ella, sé que hay muchos que se agarran la cabeza y sostienen que las promesas de Dios solo funcionan para ser bendecidos, pero déjeme decirle que no es lo que encuentro en las escrituras, yo sé que el anhelo del corazón de Dios es que seamos prosperados en todo sentido, y también entiendo que esto va muy ligado a la prosperidad de nuestra alma. 3ra de Juan 1-2

A mediada que crezcamos y maduremos en vivir la verdad en nuestras vidas, prosperaremos en todo sentido y la razón es que solo así aprenderemos a amar como Dios nos ha amado.

Si Dios habla de pecados encubiertos está claro que nos quiere advertir de aquello que a simple vista no se ve en nosotros, y que se nos necesita ser revelado para ser convencidos de ello, es aquí donde se vuelve indispensable el altar diario en nuestras vidas, donde podemos exponer situaciones delante del Padre, sabiendo que después de descubrir nuestras faltas él es el único que tiene el poder para ayudarnos y apartarnos de todo aquello que nos aleja del verdadero conocimiento del amor de Dios.

Seguramente ha escuchado personas decir frases como la siguiente: "yo no sirvo para ser hipócrita" o "no puedo fingir porque se me nota en la cara" pues bien si usted es una de ellas lo invito a leer este capítulo que está lleno de luz y podrá estar frente a Jesús y entonces solo entonces podría volver a intentar decir esa frase tan famosa.

No finjan amar a los demás; ámenlos de verdad. Aborrezcan lo malo. aférrense a lo bueno. Ámense unos a otros con un afecto genuino. Y deléitense al honrarse mutuamente. Romanos 12:9-10

Tal vez a usted le resulte imposible creer que los creyentes tengan un amor fingido por alguien, pero la escritura dice claramente que aun los cristianos podemos caer en estas situaciones en algún memento de nuestras vidas, y también sé que muchos no logran salir de ahí, por desconocimiento o por dureza de corazón.
Cuantas veces hemos afirmado que somos sinceros al amar, pero en realidad estamos lejos de practicar la verdad, hay una diferencia grande entre decir que amamos y practicar esa verdad, Nadie absolutamente nadie aparte de nosotros y Dios sabemos si en verdad estamos amando como profesamos hacerlo, y la razón es porque la biblia dice que nadie conoce los pensamientos de una persona excepto el propio espíritu de esa persona, y nadie puede conocer los pensamientos de Dios excepto el propio espíritu de Dios. 1ra Corintios 2:11
Usted mismo sabe cuántas veces ha abrazado y luego se ha dado la vuelta para decir "ya cumplí", cuantas veces le ha dicho a alguien que lo ama y luego ha murmurado de el con otros, aun así sigue insistiendo ante los hombres un amor que según usted está en su corazón, pero no le permite compartir con esa persona más allá de su comodidad, tiempo, y conveniencia sin fijarse en la necesidad emocional de su hermano, negándose a compartir un momento de hablar o tomar un café porque usted lo considera innecesario en su propia vida, y todo esto sin que las demás

personas lo sepan, solo su corazón y Dios aunque usted no este consiente de eso.
Hijos que les sobran las excusas cuando se trata de compartir tiempos con sus padres ancianos, hermanos que son rápidos para evadir la ayuda a otro, aun cuando saben que solicitan de su amor y acompañamiento, amigos que aunque con palabras adula, sienten que el otro es una carga emocional para sus vidas y aún peor consideran al otro hermano una amenaza para su crecimiento y aceptación ante los demás y decide tratar de anularlo en su vida y sin embargo cuando lo ven lo abrazan y le dicen que lo aman, no sé cuántas veces ha evadido una visita de alguien porque no quiere pagar el precio de soportarlo y aun así creemos que caminamos en la verdad 1ra de (Juan 3:18) esto es solo un rincón de oscuridad que si se deja avanzar llega el momento de mirar a través de neblinas que no nos permiten caminar con claridad el sendero de la vida, volándose hacia la amargura, los celos, descontento, enojo, celos contienda y hasta nuestra salud física y mental.
Le pregunto: ¿cree usted que esto pasa dentro de la iglesia?
Mentiríamos si dijéramos que no, déjeme decirle que la única manera verdadera de amarnos, es hacerlo como Jesús nos amó y esto implica un sacrificio, así mismo, el amor a nuestros hermanos requiere sacrificar algo, ya sea tiempo, dinero, orgullo, comodidad, posiciones y no escatimar nada para amarnos. Filipenses 2:6

Si alguien tiene suficiente dinero para vivir bien y ve a su hermano en necesidad, pero ¿no le muestra compasión, como puede estar el amor de Dios en esa persona?
Queridos hijos, que nuestro amor no se quede solo en palabras, mostremos la VERDAD por medio de nuestras acciones. 1ra Juan 3:17-18

También vamos a tener que sacrificar comodidad por amor a nuestros padres, sé que la mayoría de las veces cuando salimos de casa y formamos hogares aparte con nuestros propios hijos, llega el momento en que nuestros padres de alguna manera nos necesitan, ya sea financieramente, otros solo querrán acompañamiento puesto que no quieren estar solos, algunas veces cuando uno de nuestros padres parte con el Señor, tenemos que ser conscientes que el que está vivo va a enfrentar situaciones donde va a necesitar nuestro apoyo y eso implica que nuestras vidas cambian, ESCUCHE ESTO, debemos concientizar y enseñar a nuestros hijos la verdad del mandamiento de Dios, honrar a los padres, la mayoría de las familias se escudan en que tienen hijos adolescentes y que por ende no pueden vivir o acompañar a los abuelos, QUE ERROR, si usted permite esto no está caminando en la verdad, debemos hablar a nuestras generaciones de los riesgos de la oscuridad, se empieza desde muy temprano y estas cosas crean puntos oscuros en el ser humano que a simple vista no se ven, pero con el tiempo el enemigo los trae a memoria, BASTA de decir te amo, y nuestras acciones diciendo lo contrario, no podemos quejarnos de las nuevas generaciones que viven sin mandatos de Dios, cuando como padres solo hemos buscado su comodidad a cualquier costo, AMAR es SACRIFICIO, eso dice y enseña la Biblia.
Ámense unos a otros como YO (Jesús) los he AMADO (cruz).
En otras ocasiones tendremos que perder por amor, perdonando a aquellos que nos ofenden o nos quitan algo y seguir un comportamiento Bíblico que con el tiempo el amor de Dios los alcance también a ellos.

Conocemos el amor verdadero, porque Jesús entregó su vida por nosotros, de manera que nosotros también debemos dar la vida por nuestros hermanos. 1ra Juan 3:16.

La segunda cosa que me gustaría tratar es el hecho que los errores en algún momento de nuestras vidas nos alcanzan, y así está establecido en la palabra.

Mas si así no lo hacéis, he aquí habréis pecado ante jehová; y sabed que vuestro pecado os alcanzara. Números 32:23

Para comprender un poco más este texto lo tomaremos y revisaremos en su contexto.

Las tribus de Israel estaban listas para cruzar el rio jordán hacia la tierra prometida. Todos los varones de edad militar de cada tribu debían ayudar a cada una de ellas a conquistar el territorio que se les había asignado, lo cual implicaría tiempo y enfrentar ciertas situaciones difíciles en las cuales Dios había prometido estar con ellos. Las tribus de Gad y Rubén le dejaron saber a Moisés que la tierra donde estaban les gustaba mucho ya que ellos se dedicaban a la cría de ganado y ese lugar parecía apto para ello,(Números 32:1) lo único es que esta tierra quedaba en la parte oriental y no en Canaán, por lo tanto esto probablemente les iba a evitar el paso al otro lado a pelear, a lo cual Moisés les dijo que NO, pues no estaba bien que las demás tribus fueran a la guerra por una tierra que Dios les había entregado y ellos no, señalándolos así de ser rebelde igual a sus padres (generación anterior) quienes había despreciado y rechazado la tierra prometida.(Números 13:31-33) trayendo a memoria que a causa de esto la ira de Dios se había encendido hacia ellos.

La biblia dice que la intención de Gad y Rubén era diferente y le propusieron a Moisés dejar sus rebaños y familias a este lado y los hombres de guerra cruzarían a Canaán a pelear por sus hermanos, a lo que Moisés accedió diciéndoles que debían pelear hasta conquistar la tierra y solo ahí podrían volver, y les aclaro que de no hacerlo así ese pecado los alcanzaría, dejando saber así

que aunque sus hermanos no se dieran cuenta, ellos estarían pecando contra Dios y obtendrían reprensión donde quiera que fueran.
Lo curioso de este pasaje es que el pecado de estas tribus no sería algo que hicieron, sería algo que dejarían de hacer lo cual se convertiría en un pecado contra sus hermanos, yendo en contra del AMOR establecido por Dios de los unos por los otros.
Este si es un pecado terrible que ha alcanzado a la iglesia el día de hoy, la frialdad y desamor con que se enfrentan las necesidades de los otros tanto espirituales como físicas deja ver la ineficacia de la falsa piedad vivida en el interior del creyente, estamos llamados a ayudarnos y soportarnos los unos a los otros, a orar y velar por cualquier circunstancia que nuestros hermanos estén pasando, se llama ir a la guerra con ellos, lo más duro de esto es que nos comprometemos a hacerlo, mi pregunta es:
¿Estamos haciéndolo?
Porque esto es algo que nadie va a saber, solo Dios y nosotros, y si dejamos de hacerlo, esto nos alcanza en algún momento, el Apóstol Santiago lo escribió así:

Y al que sabe hacer lo bueno, y no lo hace, le es pecado. Santiago 4:17

Creo que era lo mismo de lo que hablo Moisés a Gad y a Rubén, les estaba diciendo que no hay AMOR más grande que dar la vida por los amigos.
Muchas veces creemos que ciertas cosas son insignificantes en nuestro diario vivir, pero en realidad todo aquello que hagamos que perjudique a un hermano, es rebelión contra Dios, y no estamos caminando en la verdad, por tanto, no andamos en AMOR y esto trae oscuridad a nuestras vidas, manifestándose en

temores que crean lazo en situaciones que nunca entendemos la razón de el por qué no están bien.
Es claro que cuando dejamos de orar por otros ya no estamos caminando en AMOR, cuando un hermano es solicito de ayuda Espiritual y prometemos orar por él y no lo hacemos, dejamos de caminar en la verdad, sé que para algunos esto no tiene relevancia pero no caminar en amor es también, un cumulo de cosas buenas que debimos haber hecho y no las hicimos y estas se fueron acumulando en nuestra alma y llega el tiempo de alcanzarnos, y terminan en miedos, ansiedades y depresiones que clínicamente la ciencia y la medicina se ha esforzado tanto en explicar y sanar y de las que solo se sale de allí a través de caminar en la luz y de la misma manera que los errores nos alcanzan de generación en generación, la buena noticia es que si alguien; y ese puede ser usted, se levanta y decide arrepentirse y apartarse de una vida de mentiras y fingimientos, de engaños y máscaras, tomando la iniciativa de caminar en el temor de Dios, seguramente alcanzara la misericordia de Dios y aquí se romperá eso que lo viene persiguiendo y alcanzando hasta hoy.
Caminar en la luz es caminar en amor y caminar en amor es caminar en la verdad de Dios. El amor no se siente, simplemente se expresa través de cumplir y obedecer con lo establecido por Dios en el trato de los unos con los otros.

Lo grandiosos de cómo funciona el amor de Dios en la obediencia, es que la Biblia establece que el pueblo de Israel no se apoderó de la tierra por su espada ni por el brazo fuerte de ellos, sino que fue la diestra de Jehová, su brazo y la luz de su rostro quien se las entregó, solo porque Jehová se agradó de ellos, fue el poder de Dios quien les entregó la tierra que ya les había prometido antes.

Porque no se apoderaron de la tierra por su espada. Ni su brazo los libro; Sino tu diestra, y tu brazo, y la luz de tu rostro, porque te complaciste en ellos. Salmo 44:3

La pregunta es: ¿qué caso tenía que Gad y Rubén cruzaran al otro lado del Jordán a pelear con sus hermanos? De todas maneras, fue Dios con su poder quien les entregó la tierra, no creo que unos guerreros más o menos iban a ser la diferencia, pero, si se trata del poder de Dios. la respuesta está en la última parte de este texto que dice "porque Jehová se agradó de ellos" Dios aprobó la manera de hacerlo, que todos hubiesen caminado en obediencia amándose los unos a los otros, peleando los unos por los otros y ahí, el poder de Dios fue derramado y la victoria es inevitable, porque Dios está en el asunto, él tiene un orden de hacer las cosas.

Podemos decir que la fuerza y la victoria vienen de fluir en el amor de Dios hacia él y los demás.

Cosa horrenda es caer en manos de un Dios vivo por perjudicar a un hermano, si tan solo tomamos ventaja sobre un asunto a sabiendas que puede perjudicarlo por el proceder suyo, ya está pecando contra Dios, no importa si la ganancia en ese momento es financiera, de prestigio, moral o simplemente porque usted quiere ascender en reconocimiento social, esto en cualquier momento se vuelve contra usted, y es simplemente por la ley de la siembra y la cosecha establecida en la palabra de Dios.

Lo que decimos que somos no nos define, pero la manera como vivimos si dice realmente quienes somos.

Danis Bernal

DUELE DESPERTAR AL AMOR.

Cuando dependemos de procedimientos y dogmas en nuestra mente que nos impiden llegar a la plenitud de nuestra vida perdemos toda perspectiva de una relación que se alimenta y se construye día a día a través de hablar y escuchar a alguien, y es que desde antes y aún hoy seguimos viendo la crueldad de vivir en una religión que nos absorbe de tal manera que perdemos toda sensibilidad a la verdad y a la intimidad del único ser que tiene el poder y el AMOR de llevarnos a la libertad.

Muchos de los que lean este libro podrán experimentar que están viendo una película en Cámara lenta, ya que probablemente lo que van a leer es algo que también les ha estado sucediendo, pero no se han atrevido a aceptarlo y confrontarlo.
Y es que cuando nos introducen en el camino de la religión es difícil salir de allí, a menos que decidamos enfrentar todo y a todos con el fin de vivir en la verdad, una verdad que cuando es revelada a nuestra vida trae dolor y después libertad y mucha paz.

Y conoceréis la verdad y la verdad os hará libres Juan 8:32

Hay puntos específicos que quiero tratar en este manuscrito que son fundamentales en la vida de alguien para poder establecer una vida acá en la tierra y caminar con gracia y paz.
Es muy difícil reconocer que hemos estado equivocados por tanto tiempo y se hace más duro cuando estamos sumergidos en una vida cristiana religiosa donde aprendemos a guardar las apariencias y tememos tanto miedo a caer del Pedestal que ni por un momento piensas que los que están a tu alrededor están en tu misma condición o aún peor.

Cuando hablo del dolor que nos produce el despertar espiritual en nuestra vida, no lo hago desde el punto de la vergüenza sino desde al verdadero arrepentimiento, donde las lágrimas no cesan, aunque trates de detenerlas, porque has sido convencido de todos los errores y desaciertos que ha habido en tu vida a pesar de asistir a una iglesia y liderar a otros. Es ese dolor que en lugar de producir muerte te da vida, en lugar de experimentar acusación te da esperanza y por supuesto iniciar un caminar en AMOR y libertad que solo te ofrece la revelación de Jesús.

Así que, si el Hijo os libertare, seréis verdaderamente libres. Juan 8:36
Hoy existe un gran número de personas atrapadas en las iglesias viviendo fuera de los parámetros establecidos por la palabra de Dios, temiendo tomar decisiones porque creen que no hay libertad para ellos, la buena noticia es que, si la hay, no estamos obligados a permanecer en circunstancias que de ninguna manera nos van a llevar a nuestros propósitos y por lo contrario nos alejan de la verdadera comunión con Dios. Recuerdo que por años estuve en esa condición, creía que estaba haciendo lo máximo para el reino de los cielos, pero en realidad me alejaba cada vez más de lo que

él quería de mí y eso es "tener una relación de AMOR con el padre a través de su hijo Jesús"

Con gran convicción le doy este consejo; nunca cambie o reemplace su vida en Cristo por liderar un Ministerio.

Sin importar cuántos años lleve dentro de ese círculo, si está leyendo este libro es porque le llegó el tiempo de buscar el rostro de Dios quien seguramente lo llevará y lo guiará a pastos verdes donde será sustentado, sanado, restaurado y volverá a encontrarse en su punto de partida donde solo el Espíritu santo le dirá que hacer y a dónde ir.

Es increíble el tiempo que se nos va de las manos esperando que algo pase para vivir en libertad, pero Dios nos ha llamado a permanecer dentro del cuerpo de Cristo siguiendo a Jesús y no filosofías e ideas humanistas, a pesar de los tiempos de oración que usted pueda tener junto con la lectura de la palabra, una doctrina errada ata a las personas al miedo, recuerdo haber estado tan asustada que después que Dios me dijo que saliera de aquel lugar, pase un año esperando que algo cambiara o que otros tomaran decisiones por mí, eso no va a suceder usted debe caminar hacia la palabra por ese sendero maravilloso de la mano del maestro y recuerde, aunque hayan tiempos donde trate de hundirse, tenga la plena seguridad que Jesús los sostendrá como lo hizo con pedro cuando salió de la barca y caminó hacia él. (Mateo 14:28-30

Obviamente la valentía no proviene de nosotros mismos, es algo que se produce por el Espíritu Santo en nuestro interior, y nos da la fuerza para ser determinados, así como la paz para asumir las consecuencias de cualquier decisión que tomemos, también nos equipa con dominio propio y así no regresar a la esclavitud de donde Dios nos saca y nos provee el amor para permanecer en Cristo a pesar de todo lo que vemos que pasa alrededor nuestro.

Porque Dios no nos ha dado un espíritu de temor y timidez sino de poder, amor y autodisciplina. 2da Timoteo 1:7

Recuerdo que fui guiada a escudriñar las escrituras y profundizar en ella, pero no de la misma manera, en verdad anhelaba con todo el corazón y con todo mi ser un cambio en mi vida, en mi interior y en mi manera de pensar, no me sentía conforme con la Danis que veía todos los días, sabía que algo no estaba en su lugar, no entendía cómo a pesar de orar y leer las escrituras asistir a la iglesia y liderar personas, aun mi carácter reaccionaba ante ciertas situaciones de una manera que estaba segura a Dios no le agradan, pero que a mi parecer eran correctas y justas, el inconveniente era cuando no experimentaba gozo a pesar de actuar así, entendí que aunque fui salva por la gracia de Dios, había una distancia en relación e intimidad con él, y lo supe en el momento que el Espíritu Santo trajo convicción a mi vida que Dios me amaba y también me anhela celosamente. (Santiago 4:5) en un momento determinado ya no veía las cosas como antes, es como si todo lo que a mis ojos era justo y correcto de pronto puesto delante de Jesús se veía diferente y me dolía mucho haber decidido actuar de acuerdo a mi manera de pensar, LE DIGO LA VERDAD se experimenta tanto dolor que durante un tiempo lloraba mucho, en los tiempos con Dios sólo podía expresar el dolor que producía el no parecerme más a Jesús y mi oración cambió, ahora solo quería pedirle que me transformara a la imagen de él, que me ayudara a ser como él, y también le pedí que me enseñara a orar como conviene (Romanos 8:26.)

Entonces ya no experimentaba orar por disciplina ahora estar con él se volvió un anhelo continuo, en todas partes y en todo tiempo quería hablarle y también quería escucharle, pero hoy también

quiero saber que cosas no le gustan de mí, porque el anhelo de mi corazón es agradarle.
El salmista dijo.
Examíname, oh Dios, y conoce mi corazón; Pruébame y conoce mis pensamientos; Y ve si hay en mi camino de perversidad y guíame en el camino eterno. Salmo 139:23-24

de verdad creo que el anhelo del corazón de Dios es que como sus hijos experimentemos gozo, AMOR y paz en el corazón y para esto debemos saber que Jesús es el único camino hacia esa dirección, que su Santo Espíritu produce la vida de él en nosotros y eso solo llega cuando le permitimos que nos renueve la manera de pensar, cuando escudriñamos la escritura porque queremos conocerle y estamos interesados en obtener esa clase de vida que en nuestras fuerzas no podemos lograr con solo tener la intención de leer la Biblia para enseñarla a otros o porque somos líderes.

recuerdo una tarde sentada juntamente con mis hijas en la mesa donde escribía y estudiaba, estaba todo en silencio puesto que ellas también estaban en sus estudios y de pronto me encontré con muchas lágrimas corriendo por mis mejillas y no podía parar mientras escribía, y ellas se dieron cuenta y me preguntaron que me sucedía, les respondí que nada, que yo estaba bien y en verdad así era, entonces no podía parar de llorar, sin querer llorar y esto ya se había hecho recurrente durante algunos meses atrás, pues lo estaba dejando pasar como las otras veces.

Mi hija mayor se acercó y me dijo las siguientes palabras:
Mami creo que algo está pasando contigo deberías hablar con los pastores y pedir consejo, no temas escuchar y no te preocupes que, si el hombre se equivoca, Dios no, él es veraz.

Ese día me di cuenta de que algo importante estaba ocurriendo dentro de mí y no puedo darle una fecha exacta de cuando comenzó, créame no me di cuenta y físicamente no experimenté nada, todo lo que me ocurría era interno y seguramente se manifestó en muchas áreas de mi vida porque mis hijas y las personas que me rodean lo empezaron a ver. Pero lo mejor de todo es que mi vida cambió, lo que antes no era importante empezó a tomar trascendencia para mí, todo tomó color, aún la creación empezó a tomar vida frente a mí.

No tiene que hacer mucha fuerza para que el fruto del AMOR se produzca en usted solo debe buscar, y mantenerse conectado al árbol de vida, permitirle al Espíritu Santo involucrarse en todo su ser, que lo instruya, lo redarguya y le enseñe a través de las escrituras el carácter de Jesús, (2da Timoteo 3:16) por mucho que nos esforcemos por hacer lo correcto no lo lograremos sin la intervención del Espíritu Santo en nosotros, él es quien produce ese nuevo nacimiento el cual viene acompañado con un quebrantamiento de espíritu, creo que la razón de esto es porque las cosas viejas pasan y todas son hechas nuevas. (2da corintios 5:17.)

Se que estamos muy acostumbrados a medir el fruto del Espíritu a través de los frutos del trabajo ministerial, lo cual es un concepto alejado de lo que en realidad Dios quiere enseñarnos, pues todo lo que pase en nuestro interior los demás lo van a notar, nacer de nuevo produce un fruto que se ve y también se puede compartir e impartir con otros y esto es porque cambia nuestra manera de pensar, de hablar, de AMAR, de comportarnos y aun hasta de vestirnos, todo esto resulta en beneficio de los que nos rodean.

La mayoría de las veces confundimos religiosidad con vida espiritual, y es que si nos descuidamos las personas que son cercanas, terminan por involucrarnos en todo lo que ellos creen es verdad, pero aquí lo importante es buscar a través de las escrituras lo que en realidad quiere Dios en nuestras vidas, un creyente que no escudriña la Biblia con un corazón dispuesto a ser transformado no podrá experimentar la madurez de una vida sólida en el AMOR de Jesús.

Jamás podremos caminar en el plan de Dios sin la intervención del Espíritu Santo en nuestras vidas, podemos trabajar en nuestras fuerzas para adquirir lo que anhelamos, pero al final solo traerá frustración y cansancio, pero cuando le permitimos a él intervenir, entonces nuestra vida se fortalece y el gozo, la paz y el contentamiento nos alcanza.
No con ejército, ni con fuerza, sino con mi Espíritu, ha dicho Jehová de los ejércitos. Zacarías 4:6.
Tengo que reconocer que en un principio nunca pensé en que debía trabajar en mi vida acerca de esto, como le dije en un comienzo, fui guiada a hacerlo, después que me di cuenta que Dios quiere sanarnos y traer paz a nuestro corazón a través de su palabra revelada, tampoco les puedo decir que ahí terminó mi proceso, créame aun sigo siendo transformada a su imagen, lo buenos es que ya no estoy donde me encontraba, he decidido caminar con valentía tomada de la mano del señor Jesús, sabiendo que él me provee el poder para enfrentar los miedos, dominarlos y obedecer lo que Dios nos guía a hacer.
También estoy muy agradecida con Dios por haber tenido misericordia de mí y mi familia, pues podíamos aún permanecer en aquel lugar y hoy nuestras hijas ya tienen 21 y 17 años, probablemente habrían caminado por el mismo sendero y ser prisioneras del error, pero gracias a Dios quien nos llama libertad por medio de su hijo.

Admito que fue muy doloroso despertar de una religión que me había envuelto en la vanagloria de la vida, donde lo más importante era lo que hacía para Dios y no lo que era para él, en realidad tuve que empezar una vida en cristo conforme a las escrituras, estaba segura que las cosas no andaban bien en mi ser, porque lo que veía en mí no se parecía a la palabra que estudiaba todos los días, fue ahí donde aprendí que un creyente no puede ser transformados sin leer y tener revelación de las palabra de Dios ya que ella nos brinda el conocimiento de quién es Dios y lo que realmente él quiere de nosotros, la palabra de Dios tiene el poder de redargüir tu corazón y llevarte a una búsqueda de la presencia de Dios.

Toda la escritura es inspirada por Dios y es útil para enseñar, para redargüir, para corregir, para instruir en justicia, a fin de que el hombre de Dios sea perfecto, enteramente preparado para toda buena obra. 2da Timoteo 3:16

Hoy estoy convencida que es imposible cambiar sin conocer a Jesús el Cristo, es necesario que él se revele a nuestras vidas, nos lleve al genuino arrepentimiento que nos guía al nuevo nacimiento sin entender cómo, y es que su palabra es viva y hace lo que él dijo que haría. En la búsqueda de Dios eres convencido por el Espíritu Santo que has actuado de manera equivocada y que necesitas hacer ajustes en tu vida lo cual te lleva a caminar en paz, en AMOR y en la justicia de Dios y no en la de los hombres, es tremendamente doloroso darte cuenta de que si han estado pasando situaciones duras en tu vida o simplemente no estas con el contentamiento que proviene de Dios lo más probable es que estés caminando en contra de lo establecido por el Señor.

La Biblia también te instruye en el verdadero AMOR, no en el que tu sientes, sino en el que Jesús proveyó para nosotros en la cruz del calvario, un amor mediante el cual Dios nos amó a pesar de quien somos y para eso tuvo que soportar el dolor de ver a su unigénito crucificado.
Hoy el mundo te enseña a amar de acuerdo con lo que piensas o sientes, hablamos bonito y decimos palabras con sonidos melódicos y lo más increíble de todo esto es que a la menor falla del ser humano, esos sentimientos y pensamiento dan un giro de 180 grados y por ende las palabras expresadas ya no se escuchan tan armónicas convirtiéndose así en el amor humano más predecible y débil que nos podamos imaginar.
Escucha esto:
Es imposible amar sin tener la revelación del AMOR de Dios por nosotros a través de la cruz, cuando entendemos la magnitud en la que fuimos perdonados la misericordia y bondad que se nos ha sido entregada, ese día nos conoceremos realmente y sabremos que no hemos sido ni medianamente buenos como creíamos ser.

Estoy convencida que las experiencias personales no son la fuente de enseñanza Fidelina, pero sí creo que es necesario conocer la manera como otros han vivido ciertas situaciones que podemos estar afrontando y que nos pueden brindar un consejo sabio para tomar decisiones, de hecho el antiguo testamento está lleno de historias de vida que cada persona llamada por Dios tuvo que pasar y también nos muestra la intervención de Dios en cada una de ellas, es por eso que quiero compartir con usted destellos de esos momentos donde creo Dios trajo luz a mi vida.

cuando entendemos la magnitud en la que fuimos perdonados la misericordia y bondad que se nos ha sido entregada, ese día nos conoceremos realmente y sabremos que no hemos sido ni medianamente buenos como creíamos ser.

Danis Bernal.

LA OSCURIDAD EN EL SER HUMANO.

Siempre creí que alguien que lee las escrituras constantemente no puede experimentar oscuridad, debo decirle que Dios es mucho más que una rutina, Dios es vida y es verdad, Jesús es la luz y cuando permitimos que la religión se siente en nuestro corazón, estamos desplazando la relación de vida y luz, por religiosidad y soledad, y eso pasa cuando nos pegamos tanto a cumplir con ciertas reglas espirituales que no permitimos que el amor de Dios fluya en nuestro corazón.
Leamos lo que la palabra de Dios dice:

Este es el mensaje que oímos de Jesús y que ahora les declaramos a ustedes: Dios es LUZ y en él no hay nada de OSCURIDAD. Por lo tanto, mentimos si afirmamos que tenemos comunión con Dios, pero seguimos viviendo en OSCURIDAD ESPIRITUAL; no estamos practicando LA VERDAD. Si vivimos en la LUZ, así como Dios está en la LUZ, entonces TENEMOS COMUNION UNOS CON OTROS, y la sangre de Jesús, su hijo nos limpia de todo pecado. 1ra Juan 1: 5-7

Podemos conocer las escrituras, pero si no practicamos la verdad,

estamos en tinieblas, créame se necesita más que una religión para salir de ahí.
Siempre fui alguien que soltaba muy fácil las ofensas, no permitía que mi corazón se argumentara con personas y mucho menos dejar que el enojo hiciera nido en mi vida, lo que había que arreglar generalmente lo apresuraba porque no quería que mi corazón se llenara de oscuridad. Recuerdo que al llegar a esta nación por alguna razón empecé a recibir pequeños chispazos de descontento con las personas, solo porque un día alguien tuvo una actitud que era incorrecta a mi parecer, luego esa cizaña siguió creciendo con pequeños riegos de descontento hacia esos creyentes, evitaba estar con ellos, solo los veía lo que yo consideraba necesario para mantener la paz, también pasaba que cualquier cosa que ellos hicieran delante mío lo consideraba una ofensa o insulto hacia mí, es increíble ver lo inestables e inseguros que nos convertimos cuando permitimos esto, me costaba reunirme y pasar tiempo con estas personas, lo curioso de todo esto es que yo oraba por ellos, y consideraba que así estaba en una posición correcta delante de Dios.
El descontento y el enojo aparecen inmediatamente, solo que usted es el último en darse cuenta y la razón es que todo su comportamiento está justificado por el hecho de que usted si es un buen cristiano porque va a la iglesia, lidera y hasta ora, pero ¿sabe que dijo Dios?

Este pueblo me honra con sus labios, pero su corazón está lejos de mí. Mateo 15:8 NTV

A medida que pasa el tiempo todo en derredor empieza a cambiar, las relaciones en casa empiezan a desintegrarse, todo se vuelve inconformidad, el rostro se endurece y todos lo notan y aunque trate de reír, siempre vuelve al mismo lugar, la dureza de corazón. luego empiezan a venir los quebrantos de salud, aparece primero una cosa aquí y otra allá y con eso inmediatamente el miedo, el vivir en desamor con otras personas es quebrantar el mandamiento de Dios en nuestras vidas, el temor habla y te dice que alguien de la familia o usted pueden enfermar, miedo por la seguridad de sus hijos, temor a no tener lo suficiente para suplir los gastos a final de mes, es más puedo decirle que el no vivir en la luz produce una parálisis emocional, donde no se sentirá capaz de realizar tipos de trabajo que son sencillos de hacer, es como si el mundo se detuviese, es un túnel donde nada parece ir bien, sé que alguien que está leyendo esto puede obtener libertad hoy, si así lo desea, cuando entendemos la palabra " mandamiento" sabemos que no es una opción para nosotros, es algo que necesitamos hacer y Dios nos manda a permanecer en su amor de la misma manera como él permaneció en el amor del padre haciéndose obediente hasta la muerte y muerte de cruz. Si usted mira la cruz de Jesús en este instante entenderá que ninguno merecíamos ese sacrificio, que a alguien le costó un precio alto que no debía pagar y lo hizo porque él quiso permanecer en el amor del padre, no debemos vivir lejos de ese amor ya que cuando lo practicamos, se perfecciona en nosotros y entonces somos libres del temor.

En esa clase de amor no hay temor, porque el amor perfecto expulsa todo temor. Si tenemos miedo es por temor al castigo, y eso muestra que no hemos experimentado plenamente el perfecto amor de Dios. Nos amamos unos a otros porque él nos amó primero. Ira Juan 4:18-19

No podemos seguir aplazando hacer lo que ya conocemos, la iglesia hoy debe implorar la misericordia de Dios, debemos parar

de creer saber quién tiene derecho a levantarse y quien no, tampoco debemos vivir por omisión, para los creyentes, conocer la palabra es como tener una antorcha encendida que nos ilumina por donde ir, y por lo general estamos mirando hacia donde Dios nos quiere guiar en un trabajo o en decisiones cotidianas y perdemos de vista el camino, debemos ser guiados a vivir como Jesús vivió.
Ahora quiero que vayamos un poco más allá en las escrituras.

Si ustedes permanecen en mí y mis palabras permanecen en ustedes, pueden pedir lo que quieran, ¡y le será concedido! Juan 15:7
Siempre, me pregunte, cuál es la razón por la que el creyente pide y no pasa nada, podemos justificarlo de mil maneras, pero la verdad tiene la luz, solo que en ocasiones no vemos o no queremos hacerlo.
Primero debemos saber a qué se refieren las escrituras con el verbo PERMANECER, porque seguramente para mucho significa permanecer en la iglesia, o permanecer en determinado grupo, tal vez permanecer leyendo un proverbio o un salmo todos los días, y un sinnúmero de cosas que, aunque no están mal, debemos conocer que nos habla Jesús al corazón y él nos dice:

Cuando OBEDECEN mis mandamientos, PERMANECEN en mi amor, así como yo obedezco los mandamientos de mi padre y permanezco en su amor. Juan 15:10

10 años atrás, cuando mi corazón empezó a nublarse y no tenía nada claro a causa del enojo, recuerdo experimentar mucha tristeza, era tan profunda que aunque los días fuesen soleados para mí era como si estuviera en un túnel, no había esperanza,

todo tenía el mismo color, buscaba la manera de estar alegre pero nada podía encender esa chispa, también recuerdo que las personas que estaban alrededor mío no se percataron de nada, y si lo hicieron, prefirieron no involucrarse, la cuestión es que el tiempo pasaba y nada parecía mejorar, me levantaba muy temprano a leer la palabra y a tener tiempos con Dios, y aun así no lograba entender porque no salía de aquella condición.
Si tan solo logramos entender lo que el enojo y la falta de perdón hacia otros o hacia nosotros mismos produce en nuestras vidas nos volveríamos muy prontos y cuidadosos de guardar nuestro corazón, el enemigo es muy sutil, siempre camina como un ladrón que va a robar entra pisando muy fino, sin hacer tanto ruido, sin avisar, pero su intención siempre es matar y destruir.
El propósito del ladrón es robar y matar y destruir, mi propósito es darles una vida plena y abundante. Juan 10:10 NTV.
Como creyentes hemos adoptados filosofías erróneas y una de esas es creer que la oscuridad en el corazón se produce de un momento a otro y si bien hay acontecimientos que notoriamente produce enojo en nosotros, es bastante claro que todo empieza con grietas en nuestro carácter, cuando permitimos pequeñas cosas como normales, y como no pasa nada, creemos que son irrelevantes, pero déjeme decirle que un pequeño punto negro se vuelve una gran sombra cuando lo acompañamos de muchos otros que poco a poco van construyendo brigadas de oscuridad en nosotros y terminan destruyendo grandes llamados, grandes familias, y grandes relaciones.
Hace algún tiempo tuve esta conversación con mis hijas, les hablaba de la oscuridad en la vida del creyente, y lo hice porque nuestros hijos a medida que crecen se dan cuenta de cosas en el circulo cristiano que, si como padres no traemos claridad a ellos, esto podría creer una brecha en sus corazones con respectó a la

fe, sé que muchos también tienen muchas preguntas, y una muy común es: ¿Por qué la mayoría de los creyentes llevan vidas en derrotas?
Es como si la bendición fuera para unos pocos, pero sabe que la Escritura me enseña que Dios no tiene favoritos. (Romanos 2:10-11)
Este versículo habla que Dios quiere dar honra y paz a todos, pero también aclara que esto es para aquellos que hacen lo bueno.
Dios no hace acepción de personas, es el creyente el que decide seguir viviendo en oscuridad aun en medio de cuatro paredes a la que el mismo le llama iglesia.

Pues el simple acto de escuchar la ley no nos hace justos ante Dios. Es obedecer la ley lo que nos hace justos ante sus ojos. Romanos 2:13
¿Y de cual ley está hablando el apóstol Pablo?
La ley del amor, la que se vive desde el corazón transformado por el Espíritu de Dios, la que nos permite temer a Dios y no a los hombres, la que llega a nuestras vidas a través de la verdadera circuncisión (Romanos 2:29)
De eso estuve hablando con mis hijas, de esas cosas secretas en el corazón del creyente, las que solamente él y Dios conocen, les hable del tiempo donde se empieza a adquirir la oscuridad en el corazón, las personas por lo general creen que cuando se vuelven adultos la vida se hace difícil , lo que no se detienen a pensar es que no comienza en la vida adulta, en realidad empieza cuando se es joven o adolescente, ahí se empiezan a guardar los puntos negros en nuestro ser que cuando alcanzamos la madures humana empiezan a estorbar nuestra manera de ver la vida, por eso la Biblia dice:

¿Con que limpiara el joven su camino? Con guardar tu palabra. Salmo 119:9

Cuando un adolescente escucha los pasos de sus padres hacia su habitación, y pretende hacerse el dormido para no hablar con ellos, no está caminando en la verdad y ahí se empieza a creer que esas cosas son normales y que no pasa nada si las hacen, esos son momentos donde se inician a añadir sombras negras a la conciencia que la van cauterizando y acostumbrando a mentir, hasta el punto de que se hace fácil volverlo a hacer en otras situaciones. Es doloroso reconocer que en la mayoría de las ocasiones tardamos mucho en entregar ese hombre interior secreto, que solo lo conoce Dios y nosotros, el que empieza a muy temprana edad y que inclusive algunas veces es aplaudida por las personas que nos rodean sin darnos cuenta de que con el tiempo se van convirtiendo en muros en nuestra alma que nos impiden ver con claridad.

La valentía en el creyente es el poder de Espíritu de Cristo, que le da resistencia al temor, dominio del temor y la habilidad de obedecer lo que Dios le guía a hacer.

Danis Bernal

EL ENOJO GUARDADO

Airaos, pero no pequéis; no se ponga el sol sobre vuestro enojo, ni deis lugar al diablo. Efesios 4:26

En alguna etapa de mi vida creí que todo lo malo que me pasaba era culpa del diablo y me la pasaba reprendiendo cualquier situación que a mí no me gustaba o que yo determinaba no provenía de Dios, el caso es que cuando empiezas a vivir por relación con Dios él va enseñándote secretos que están en la palabra que no a todos le son revelados, creo que a eso se refería el Señor Jesús cuando hablaba por parábolas y luego en el secreto les explicaba a ellos lo que quería decir al usarlas, intuyo que solo se las revelaba al círculo íntimo que permanecían con él escuchándolo y aprendiendo en la intimidad del diario vivir. (Mateo 13;11, Marcos 4:11, Lucas 8:10)

Creo que hoy sigue funcionando de la misma manera, sólo aquellos que deciden permanecer en intimidad con Dios son favorecidos con revelación de la palabra y del carácter de Dios.
¡Escuche esto! Quiero que guarde en su corazón lo que va a oír

Mientras no decida intimar con Dios y entablar una relación de amor con él, tendrá que seguir luchando con conceptos que nada tienen que ver con el mundo espiritual de Dios y pasará su vida culpando a otros de todo lo malo que le pase y esto incluye al diablo, y no estoy negando la existencia de este, pues Dios dice que el enemigo anda como león rugiente mirando a quien devorar. (1ra Pedro 5:8) y es por eso por lo que Pedro nos llama a permanecer sobrios y velando.
La palabra de Dios me enseña que las guerras y los pleitos se producen o nacen en nuestro interior. (Santiago 4;1-17.)

Nací y crecí en un pueblo muy pequeño en Colombia, el nombre de este corregimiento es Pueblo Bello (Cesar) claro, en el momento de estar escribiendo este libro se ha convertido en un municipio muy conocido, pero cuando yo era niña y hasta mi adolescencia era un pueblo muy pequeño, tanto así que podríamos decir que todas las familias que lo habitaban se conocían entre sí, por lo tanto, podíamos enterarnos de todo lo que pasaba, recuerdo mucho un acontecimiento muy importante que ocurrió entre dos conductores que trasladaban a las personas del pueblo hasta la ciudad capital, ese era su trabajo todos los días y lo habían hecho durante muchos años y desde luego se conocían entre ellos, ambos tenían hermosas familias eran conocidos y apreciados por toda la comunidad.

Un día conocimos la noticia que uno de ellos en un instante toma un arma, y dispara contra el otro conductor ocasionándole la muerte, obviamente este hombre fue llevado preso enfrentando una condena por asesinato, todos se preguntaban que había llevado a aquel sujeto a cometer semejante acto, todos tenían su versión de los hechos y la conclusión era que su carácter le había ganado y que en un acto de ira asesino al otro, sin embargo las investigaciones arrojaron datos que muchos desconocían, y uno de esos es que algún tiempo atrás se había presentado una rencilla entre ellos dos, a causa de un pasajero que se estaban disputando para completar el cupo de sus respectivos carros, la discusión fue tan fuerte que el hombre que murió había acabado por darle una bofetada al otro delante de todas las personas presentes, fueron separados y pareciera que la pelea finalizó allí, pero no fue así para el hombre que recibió la bofetada, se sintió tan ofendido que planeo durante un buen tiempo como desagraviar la ofensa, el resultado de la disputa por un pasajero, terminó en dos familias destruidas, un hombre muerto y el otro en la cárcel.

Alguna vez escuché que alguien puede perder el control de un momento a otro y convertirse en otra persona hasta llegar a matar, no obstante eso NO es lo que la Biblia nos enseña, el mundo está lleno de personas que guardan enojo en su corazón y más grave aún que se aprende a vivir enojado como parte de la rutina diaria esperando hacer justicia por cuenta propia o deseando que la vida vengue la injusticia cometida, también he aprendido que si no trabajamos en estas situaciones el fin nunca es bueno.

Pero hoy quiero tocar este tema entre cristianos y la razón es que se cree que el 80 por ciento de los creyentes viven con enojo en su corazón ya sea por alguien que le hizo un agravio en el pasado antes de conocer a Jesús, o por rencillas entre hermanos dentro de la congregación. Y es que no es extraño encontrar hermanos en contienda dentro del cuerpo pues esto es algo que siempre ha existido véase (Filipenses 4:2, Hechos 15:36-40, 2da Timoteo 2:14, 1 Corintios 6:1)

También creo que todos en muchos momentos de nuestra vida creyente hemos sido agraviados y hemos agraviado a otros, y todos sin excepción vivimos experiencias que nos quieren alejar de la vida cristiana, pero, aquí lo importante es que hacemos con las emociones que esto nos ocasiona, nos podemos esconder y vivir una religión que nos acerca más al infierno que al cielo haciéndole creer a la gente que vamos a la iglesia porque somos santos, también se puede quejar del otro y responder carnalmente excusándose en su años de conocer a Jesús reclamando el derecho de tener la razón.
O, definitivamente decide ir a Dios, exponer su situación, pedirle que le perdone por todo lo que ha pensado y ha dicho, buscar que el Espíritu Santo le muestre su condición, pedir su ayuda para ser transformado, aunque eso signifique que los demás piensen que han ganado y que usted perdió.

Lo invito a que se sumerja en las aguas de la renovación de la mente donde su alma queda al descubierto ante Jesús, solo para darse cuenta que ahora nace de nuevo y que esa nueva vida no es más que un morir diariamente a lo que somos, creemos, pensamos, queremos y anhelamos darle la bienvenida a una nueva vida que se produce por la maravillosa palabra de Dios que martilla con tal poder que duele conocernos a nosotros mismos y descubrir que estábamos equivocados, que nuestro enojo y descontento no tiene peso frente a la infinita misericordia que se nos otorgó.

Miremos algunas anécdotas escriturales que nos brindan un panorama más claro de dónde vienen los asesinatos y las guerras entre la humanidad, vayamos al inicio.

Caín dijo a su hermano Abel: salgamos al campo. Y aconteció que estando ellos en el campo, Caín se levantó contra su hermano Abel y lo mató. Genesis 4:8

Las personas siempre se preguntan por qué la ofrenda de Caín no fue aceptada y en cambio la de Abel si, muchos sacan conclusiones como que Abel escogió una mejor ofrenda, lo cual no lo describen así las escrituras, que relata que cada uno de ellos trajo una ofrenda de lo que ellos hacían, delante de Dios, y que Dios se agradó de la de Abel y no de la de Caín, sin embargo, la Biblia nos deja ver que antes de la ofrenda, Dios había mirado otra cosa y ahí fue donde se agradó de uno de ellos, miremos el versículo 6 y 7

Entonces Jehová dijo a Caín:
¿Por qué te has enojado y ha decaído tu semblante? Si hicieras lo bueno, ¿no serías enaltecido?; pero si no lo haces el pecado está a la puerta, acechando. Con todo, tú lo dominarás. Genesis 4:6-7

Esta pregunta se la hace Dios a Caín antes de que matara a Abel, muchas personas creen que Caín fue malo porque mató a Abel, pero la Biblia me enseña que antes de este acto de homicidio su corazón ya estaba mal.
Dios nos deja saber porque Caín no había sido enaltecido como lo fue su hermano y la razón es cuando llevó la ofrenda delante de Dios, en su corazón había algo contra su hermano y Dios le dice claramente que estaba haciendo algo malo.
Si hicieras lo bueno ¿no serías enaltecido?
Y la escritura NO relata algún acontecimiento físico que Caín haya hecho mal antes de matar a Abel, el problema estaba en lo que él sentía por su hermano y era algo que estaba guardado en su corazón y que nunca presentó delante de Dios para ser sanado,

antes de llevar la ofrenda, era algo que no se veía a simple vista pero que Dios si lo veía, pues el conoce lo más profundo de nuestro ser y no podemos ocultarle lo que sentimos y pensamos sea bueno o sea malo, seguramente pensó como algunas veces usted y yo hemos hecho, que después lo arreglamos con la persona con nuestra sabiduría y ejerciendo los derechos el enojo, nos otorga, de hecho Caín lo planeó como creyó que debía hacerlo y terminó matando a su hermano, lo increíble de esto es que Dios se lo dejas saber y también le habla de las consecuencias de guardar enojo en su corazón contra otro ser humano.

Cuando Dios le dice a Caín; si hicieres lo bueno, NO le estaba diciendo que no podía enojarse con su hermano, de hecho, volvemos al pasaje que leímos al iniciar este capítulo (Efesios 4:26) la Biblia dice airaos, pero no pequéis, no se ponga el sol sobre vuestro enojo y el versículo 27 dice; ni deis lugar al diablo.
Dios le estaba diciendo que estaba actuando mal al creer que Dios acepta y enaltece a alguien que odia a su hermano, pretendía ser aceptado simplemente por su ofrenda, el Señor se toma el tiempo para decirle a Caín que el pecado está tocando a su puerta y que debe enseñorearse para que no sea dominado por él. Cuando Dios le hace la pregunta acerca de lo que le pasa, este era un momento preciso para confesarle a Dios lo que estaba experimentando su corazón, pero prefirió, guardarlo y seguir meditando en eso, el odio de Caín hacia su hermano no nació después de presentar la ofrenda, ya estaba en él y nunca dejó de alimentar ese sentimiento.
La Biblia dice:
No como Caín, que era del maligno y mató a su hermano. ¿Y por qué causa lo mató? Porque sus obras eran malas y las de su hermano, justas. 1ra Juan 3:12

Humanamente no tenemos la facultad de buscar a Dios para confesar nuestros pecados, siempre es Dios quien toma la iniciativa de buscar a la humanidad, y ¿cómo lo hace? La mayoría de las veces es a través de acontecimientos que nos duelen y que nos llevan a querer buscar respuestas, por ejemplo; a Caín no se le aceptó su ofrenda, Dios le dejó saber que estaba mal y él no quiso escuchar y prefirió arreglar las cosas a su manera.

Muchas veces al no confrontar nuestro corazón con Dios nos arriesgamos a seguir recibiendo lo que no nos gusta y dejamos de recibir aquello que estamos buscando con tanto anhelo, el enojo es una trampa que siempre quiere robarnos y alejarnos del amor de Dios, el enemigo se aprovecha de este sentimiento para esclavizarnos al pecado del odio, no importa cuántas ofrendas presentamos en el altar o en la iglesia, Dios nos llama a poner a cuentas nuestras vidas con él y a aceptar que lo necesitamos para solucionar estos asuntos.

Por tanto, si traes la ofrenda al altar y allí te acuerdas de que tu hermano tiene algo contra ti, deja allí tu ofrenda delante del altar y ve, reconcíliate primero con tu hermano, y entonces vuelve y presenta tu ofrenda. Mateo 5:23-24

Jesús nos invita a arreglar situaciones donde exista la ira y el enojo y nos habla de hacerlo antes de presentar ofrenda delante de Dios, cuántas veces hemos entregado la ofrenda y aplazado el perdón y la misericordia, cuánto tiempo ha pasado desde que Dios no ha hablado de esto y creemos que con decir yo perdono, es suficiente, debemos entender que no tenemos la facultad ni la fuerza para olvidar y corregir ofensas, es indispensable pedir la intervención de Dios en nuestras vidas al respecto, sólo el Espíritu

Santo puede traer convicción a nuestras vidas y cuando eso viene en verdad duele y mucho, porque nos damos cuenta cuánto tiempo hemos tirado y desperdiciado tratando de hacer justicia por nuestra cuenta o simplemente deseando que nuestro enemigo caiga.
Nos duele saber que hemos albergado mal en nuestro corazón cuando permitimos el enojo contra un hermano en nuestras vidas y eso en algún momento nos ha llevado a pecar en contra de alguien, aunque no hayamos matado físicamente, hemos deseado mal y cuestionado a alguien y hasta lo hemos condenado en nuestro corazón. Jesús lo dijo así;

Pero yo os digo que cualquiera que se enoje contra su hermano, será culpable de juicio; y cualquiera que diga 'necio' a su hermano, será culpable ante el concilio; y cualquiera que diga 'Fatuo", quedará expuesto al infierno de fuego. Mateo 5:22

Durante muchos años fui una cristiana que vivía con enojo, aunque usted no lo crea, aunque pertenecía a una iglesia, asistía regularmente a casi todas las reuniones y ejercía liderazgo dentro de ella, siempre creí que todo mi interior estaba bien y por lo tanto Dios debía darme todo con solo abrir la boca o chasquear los dedos.
Todas y absolutamente todas estas situaciones tiene que ver con vivir en la carne, pensando en nuestro yo, creyendo que tenemos la razón acerca de todo y sobre todos, es más fácil expresar lo que sentimos que controlarlo y sujetarlo, porque para eso se necesita morir a nosotros mismos tomar la mano de Jesús y caminar por un camino tan angosto por el que solo unos pocos logran entrar.

Recuerdo que hace un tiempo vivimos un acontecimiento muy doloroso como iglesia, y créame fue tan fuerte para todos lo vivido que medite mucho la manera de traerlo a este manuscrito, pero considero que algunas cosas nos ayudan a valorar los riesgos que corremos cuando no nos sujetamos a la palabra de Dios y decidimos avanzar lejos de ella sin medir las consecuencias.
Aclaro que voy a hablar de acontecimientos no de personas y es por esa razón que no verán nombres escritos en esta historia, pero también les reitero que es tan real como la escribo.
Conocí a esta pareja antes de casarse, ella una mujer muy bella por fuera y por dentro, vino como inmigrante a esta nación y pronto encontró la oportunidad de trabajar y forjarse un futuro de esperanza tanto para ella como para su hijo, poco tiempo después recibió al señor Jesús en su corazón y empezó un caminar en Cristo creciendo cada día, pronto también encontró una pareja con la cual formar un hogar y caminar juntos hacia un propósito, se casaron y así empezaron el recorrido del matrimonio, muy pero muy rápido empezaron las complicaciones en su hogar, los profundos celos de este hombre siempre terminaban en maltrato verbal y físico hacia ella, y después de esto la cautivaba con grandes ramos de flores y regalos costosos, pidiendo perdón, ella le creía e intentaba seguir con su matrimonio a pesar de que estas situaciones eran repetitivas.
No mucho tiempo después este hombre nos hizo una llamada telefónica a mi esposo y a mí, y nos solicitó una especie de consejería, nunca antes habíamos hablado con ellos acerca de su matrimonio, ellos habían estado siendo cuidados por lideres dentro de la iglesia que habían estado sobre la situación de ellos dirigiéndolos y que hicieron todo lo posible tanto escritural como humanamente para ayudar a esta mujer que estaba siendo maltratada por un hombre que constantemente parecía estar

disgustado por algo, recuerdo que antes de hablar con él, estuvimos orando para que Dios nos guiara a aconsejarlo, pero el día que lo recibimos , después de escucharlo nos dimos cuenta que este hombre experimentaba tanto enojo en su corazón, que para él era imposible reconocer su condición, su corazón estaba cerrado a recibir la guía de la palabra de Dios, y cuando alguien rechaza la verdad escrita, prácticamente está rechazando a Jesús, entendimos que buscaba a alguien que le abalara lo que estaba haciendo y sintiendo, no quería un cambio en su vida , lo que pedía a gritos era que alguien le cambiara su esposa porque para él, ahí estaba la solución.

Muchas veces consideramos que situaciones cambiarían si las personas que nos rodean cambian y se comportan de la manera que nosotros queremos, pero déjeme decirle que no funciona así, Dios siempre va a estar tratando con nosotros y buscando que nos arrepintamos de tener enojo contra nuestros hermanos y trabajemos para que el amor de Jesús se perfeccione en nuestras vidas.

Lo que muchos no saben es que hay un dolor muy profundo que se produce en el interior de nuestro ser cuando despertamos a la verdad, cuando la semilla sembrada en nuestro corazón da fruto; obviamente esto ocurre a consecuencia de sufrir una muerte en nosotros la cual es muy necesaria, lo triste de todo esto es que esta historia acabó en una verdadera tragedia, pues este varón que durante muchos años asistió a la iglesia y que hablaba de la palabra con gran conocimiento permitió dejar pasar el tiempo llenando su corazón de maquinación contra ella, para al final asesinar fríamente a su esposa, el hijo de ella y la madre quienes se encontraban juntos aquel día, por supuesto este hombre también terminó con su vida.

Recuerde que Dios nos manda a guardar nuestro corazón. He aprendido que para vivir en amor hay que madurar en la fe, NO estoy diciendo que usted debe ser maduro para recibir de la gracia de Dios, ella siempre va a estar disponible para usted en abundancia, pero una cosa es recibir la gracia de Dios para ser salvo y otra cosa es caminar en ella, y para ambas se necesita la intervención del Espíritu Santo en nuestras vidas.
El enojo no se va por sí solo ni muere, se debe desarraigar, tratar el enojo, y especialmente con aquel que se ha cultivado desde muy temprano, debe haber intencionalidad al hacerlo, el Apóstol Pablo lo dijo así:

Pero ahora dejad también vosotros todas estas cosas: ira, ENOJO, malicia, blasfemia, palabras deshonestas de vuestra boca. Colosenses 3:8

¿Sabe? Si usted me pregunta como dejar de hacer estas cosas, no sabría decirle, pero si puedo decirle, como hacer para saber que hacer. Primero quiero decirle que el enojo es un pecado que siempre está tocando nuestra puerta, pue día a día nos enfrentamos a situaciones en las que seguramente no estaremos de acuerdo y tendremos que decidir, también encontramos personas que su caminar va en contra de nuestros principios, y también enfrentaremos situaciones donde nuestras convicciones serán confrontadas y estaremos frente a luchas emocionales entre lo que sentimos y lo que debemos hacer, y eso le ocurrió a Caín cuando la ofrenda de su hermano fue aceptada y la de él no, la Biblia dice que su semblante decayó y Dios le advirtió sobre este pecado. (Genesis 4:6-7)
En otras palabras, Dios le dijo que podía enseñorearse del enojo tan solo si no cedía a la tentación, pero para nadie es un secreto que Jesús estableció que la oración y velar en ella, puede librarnos

de estas cosas, todos sabemos que no queremos estar enojados, en verdad deseamos ser libres de esto, en algunas ocasiones experimentamos cansancio y malestar por el enojo y a algunas personas les ha afectado hasta la salud física.
Se que muchos lo han intentado todo, han estado en consejerías, en seminarios, en retiros, han renunciado al enojo, y aunque todo esto ayuda a sentirnos mejor por un tiempo, pero en realidad no nos sana, lo único que trae sanidad es el AMOR.
La razón de lo anterior es porque, aunque nuestro espíritu está dispuesto, la carne es débil y cuando nuestro ser está siendo gobernado por nuestra humanidad las luchas van a parecer ineficaces, el enojo más destructivo es el que reside en el interior, pero no se reconoce ni se trata. El enojo no solo permanece latente en una persona, está presente, está activo todo el tiempo ebullendo y en labor como un volcán, hasta que en algún momento hace erupción y trae destrucción no solo a la persona que lo vive sino a todos los que están a su alrededor. Jesús dijo:

Velad y orad, para que no entréis en tentación; el espíritu a la verdad está dispuesto, pero la carne es débil. Mateo 26:41

Lo único que nos protege de caer en ese profundo abismo que se llama enojo, es la oración continua, el PERMANECER en la búsqueda de Dios, hasta que su perfecto amor sea revelado a nuestro espíritu, entonces entenderemos que nunca nadie podrá ofendernos tanto, como nosotros hemos ofendido a Dios, sin embargo, él nos perdona y restaura.
No hay ninguna ventaja en guardar enojo en nuestro corazón.

DESCUBRIENDO EL AMOR DE DIOS.

En este momento de escribir estas páginas de este libro, me encuentro a pocos días de hacer el lanzamiento de mi primer manuscrito, (Ahora mis ojos te han visto) y en medio de esto debo reconocer que Dios ha traído nueva revelación de lo que significa caminar en su gracia y su favor. permítame contarle algo.

hace más o menos 15 días recibí una llamada de casa de mi madre donde una de mis hermanas me anunciaba que habían encontrado algo irregular en unos exámenes físicos que le había hecho a mi mamá, y el diagnóstico médico fue una posible metástasis en el hígado de algo que se había generado en otro órgano de su cuerpo, como usted se puede imaginar recibir una noticia de estas es bastante desalentador y se vino un tiempo de vivir por fe. Ahora, una cosa es que usted lo diga y otra cosa es experimentarlo, y por eso quiero hablar con alguien que de pronto acaba de recibir un diagnóstico de salud no favorable.

Recuerdo que inmediatamente entre los hermanos hablamos de trasladar a mi mamá a otra ciudad donde había médicos más experimentados y así lo hicimos, pero también recuerdo que fue un tiempo donde nos unimos como familia a orar no solo por mi madre si no los unos por los otros para que la fe no nos faltara, y sé que es válido hacer esta oración, alguna vez Jesús le dijo al apóstol Pedro.

Simón, Simón, satanás os han pedido para zarandearos como a trigo; pero yo he rogado por ti, para que tu fe no falte; y tú, una vez vuelto, confirma a tus hermanos. Lucas 22:31 RV

La oración de los unos por los otros era que la fe no nos faltara, sabíamos que tenemos un Dios soberano, que no miente, que es verás, que cumple sus promesas, y también percibimos que debíamos buscar al Señor para madurar en esa fe y unirnos como hermanos, lo cual hacia aflorar el amor de los unos por los otros.

Mi madre viajó a la otra ciudad donde le repitieron los exámenes, y a lo cual el médico confirmó lo que habían dicho antes y también nos dejó saber que había encontrado una lesión en el colon donde se creía se había originado la enfermedad.

Unos meses atrás yo había estado meditando acerca de la palabra;

No se preocupen por nada; en cambio oren por todo. Díganle a Dios lo que necesitan y denle gracias por todo lo que él ha hecho Filipenses 4:6 NTV

Cuando llega una circunstancia difícil a nuestras vidas es el momento de practicar la palabra de Dios y es aquí donde muchos algunas veces hablamos, y nos preguntamos cómo es posible aceptar la palabra cuando físicamente todo dice lo contrario, y mi pregunta fue esta. ¿Cómo hago para no preocuparme? y créame yo quería descansar en la gracia de Dios, y cada vez que oraba le pedía eso al Señor, que por favor por su gracia liberara a mi madre de todo mal y la sanara, recuerdo una mañana, le habían mandado a hacer un examen específico para confirmar el

diagnóstico, y recuerdo que no pudieron hacerlo inmediatamente ese viernes sino que lo programaron para el siguiente martes, porque el lunes era un día festivo en Colombia o lo que llamamos Holiday en USA lo cual coincidió con el fin de semana del 4 de julio, el día en que lanzamos nuestro primer libro al mercado, fueron tres días de meditar en la palabra, pedir paz, y recuerdo que en mis tiempos de oración le dije a Dios una mañana:
Padre yo sé que tu no mientes y tu palabra dice que el que honra a los padres tú le das larga vida acá en la tierra, le recordé a Dios que mi mamá había cuidado de mi abuela hasta la vejez, honrando y cuidando de ella, por tanto ella debía vivir muchos años más, porque él es un Dios veraz que cumple sus promesas, y en ese instante experimenté en mi espíritu una convicción que me decía que no es por obras para que nadie se gloríe, ni por cumplir la ley e inmediatamente Dios me recordó que es por gracia por medio de la fe, no se trata de lo que hacemos , es lo que Dios es, que nos permite vivir por su gracia y AMOR, entonces. ¿Podemos dejar de honrar a los padres? Nooooo, la gracia nos equipa para hacerlo, no hubiese podido mi madre honrar a la suya si no fuese por la gracia de Dios.

Esa mañana estaba tan confrontada que estuve todo el día pensando y hablando con el Señor, no entendía porque a pesar de declarar la palabra y de entender que es por gracia, no experimentaba la paz que sobrepasa todo entendimiento, entonces recuerdo que hablé con mi esposo y le dije que necesitaba que él orara por mí, Fernando suele ser una persona muy tranquila, aun en medio de circunstancia difíciles, y le pregunté;
¿Cómo haces para no estar preocupado? ¿Cómo puedes ser tan fuerte?

A lo que él sonrió y me dijo: no es que sea fuerte Danis, lo que pasa es que debes entender que hay ciertas situaciones en las que no podemos hacer nada, hay ciertas circunstancias donde no tenemos el control, por más fuerza que hagamos o por preocuparnos las cosas las cosas no van a cambiar, solo podemos confiar en que DIOS NOS AMA, confía en Dios quién en su soberanía tiene el poder para cambiar la circunstancia, a Dios nadie le dice que hacer, solo creemos y descansamos en su voluntad.
Esa fue la prédica más corta que he escuchado en mi vida, pero que trajo descanso a mi corazón y el Espíritu Santo me dio convicción, recuerdo que Fer oró por mí y esa noche oré y dormí como una niña pequeña.
Al día siguiente era el examen de mi madre, a las 7 de la mañana y hoy puedo decir que ese día mi oración no fue igual, es como si otro nivel de fe hubiese llegado, recuerdo que ore de una manera que de pronto nunca lo había hecho, hable de una forma muy tranquila con Dios, le entregué la situación y le dije que entendía que yo no podía hacer más que orar, que no estaba ya preocupada y que confiaba en su bondad, en su amor y en su gracia y que pase lo que pase, él iba a seguir siendo mi Dios, que lo seguiría adorando y confiando mi vida entera a él, porque él siempre me había amado y sido bueno conmigo, también recuerdo que llevaba un tiempo orando por la salud de otras personas que habían pedido oración y esa mañana seguí mi oración por ellos delante de Dios creyendo que el Señor podría obrar en sus vidas con sanidad, entendí que no hay amor más grande que darse por otros, y comprendí que el amor de Dios había sido derramado en la cruz, a través del sacrificio de Jesús, y ese gran AMOR me había alcanzado y salvado. creí con todo el corazón en el amor de aquel que no escatimó ni a su propio hijo, sino que lo ofreció por todos

nosotros, como no nos dará también con él todas las cosas? (Romanos 8:32)
Muchas veces vamos delante de Dios casi que, reclamando su promesa, recordando todo lo que hacemos y cómo cumplimos sus palabras y que por tanto tenemos derecho a la bendición que está ligada a esa obediencia y aunque es cierto que Dios es veraz y cumple sus promesas también es cierto que la palabra de Dios dice que, aunque nosotros no seamos fieles él seguiría siendo fiel con nosotros porque él no puede negarse a sí mismo.
Si somos infieles, él permanece fiel, pues él no puede negar quien es. 2da Timoteo 2:13

Durante esos tres días Dios me enseñó mucho acerca de su AMOR entendí que él no busca a los que más saben Biblia, o los que más dicen amen o los que más asisten a la iglesia, ni siquiera a los que más sirven dentro de ella, su gracia y AMOR están dispuestos ahí para todo aquel que quiera caminar, descansar en él, abandonarse y confiar por completo en lo que Jesús hizo en la cruz del calvario, creer que ya alguien pagó el precio y que podamos entrar confiados al trono de la gracia para recibir el oportuno socorro.

Así que acerquémonos con toda confianza al trono de la gracia de nuestro Dios. Allí recibiremos su misericordia y encontraremos la gracia que nos ayudará cuando más lo necesitamos. Hebreos 4:16 NTV
En otras palabras, debemos estar confiados que podemos acercarnos a Dios y pedirle cualquier cosa con la seguridad que él nos responderá conforme a su voluntad y tendrá cuidado de nosotros a través de su gracia maravillosa, entendí que no tengo que ser perfecta para hacerlo, tampoco tengo que haber cumplido con cada uno de sus mandatos, sí creo con todo mi corazón que he

sido perdonada y que puedo acercarme a través de Jesús, Dios me escuchará y obrará conforme a su AMOR y su misericordia. Se que para algunas personas esto puede entrar en contravía a lo que han aprendido o a lo que piensan, créanme es necesario pedirle al Espíritu Santo que nos revele el AMOR de Dios y seguramente se va a encontrar con cosas grandes que usted desconocía, por mucho tiempo escuché creyentes quejarse de personas que no eran tan comprometidas con Dios y que conocían tanto las escrituras y sin embargo eran muy bendecidos y Dios respondía las oraciones de ellos, inclusive alguna vez alguien dijo que no entendía cómo Dios los bendecía y a sus ojos o su manera de ver no merecían disfrutar de tal gracia, quiero mostrarle un pasaje Bíblico que me enseñó mucho acerca de esto.

Primero quiero decirle que nosotros no leemos las escrituras para ser merecedores de algo de parte de Dios, lo hacemos porque ella es la palabra de Dios, que nos limpia, nos instruye, nos corrige, nos hace madurar en nuestro carácter con Cristo y por supuesto madura en nuestra fe, (2da Timoteo 3:16).

Tampoco le servimos porque él nos devuelve favores, lo hacemos por revelación, es algo que nace en nuestro espíritu por AMOR a quien nos amó primero.

Y quiero contarle que nadie absolutamente nadie, ni conocedores o desconocedores, servidores o no, ungidos o corrientes, nadie es merecedor de la gracia de Dios, podemos decir que la gracia es el AMOR líquido del padre (por medio de la sangre de Jesús) que siempre está destilando para todo aquel que quiera acogerse a ella y la persona que decida hacerlo, tiene la oportunidad de crecer en ella.

En cambio, crezcan en la gracia y el conocimiento de nuestro Señor y salvador Jesucristo. 2da Pedro 3:18

Cuando creemos tener derecho a ella, iremos delante de Dios reclamando las bendiciones y las respuestas a nuestras oraciones, y en verdad mi querido lector la única manera de disfrutarla es cuando descansamos en ella, dejando todo al absoluto cuidado y dependencia de la bondad de Dios. Solo cuando entendemos que no depende de nosotros ni de lo que hacemos sino de su AMOR y misericordia, cuando experimentamos tal debilidad que la única opción es creer y depender de su maravillosa gracia, entonces experimentamos el poder de Dios obrando a favor de nosotros en medio de cualquier circunstancia.
El Señor se lo dijo al apóstol Pablo de la siguiente manera:
Mi gracia es todo lo que necesitas; mi poder actúa mejor en la debilidad. 2da de Corintios 12:9 NTV

Considero que este texto habla mucho de cómo fluye la gracia y el amor de Dios en la vida de las personas, cuando estamos tan insuficientes para solucionar algo o cuando entendemos que pase lo que pase su voluntad para mi vida siempre es buena agradable y perfecta, entonces la gracia de Dios tiene una oportunidad para manifestarse en toda plenitud y poder.
Aún recuerdo esa mañana de este martes, el día del examen de mi madre para un diagnóstico caótico, después de haber orado, experimentaba la paz de Dios que sobrepasa todo entendimiento y salir a trabajar con mi esposo y en medio de hablar y trabajar el tiempo corrió y de pronto el mensaje a mi celular, era mi hermana y el resultado fue el siguiente en sus palabras.

Hoy no sé qué hacer; tengo el anhelo de salir corriendo y gritarle al mundo que mi Dios vive, ni siquiera el médico esperaba esto, estaba tan perplejo que no sabía expresarlo con palabras, lo único que pudo decir fue que estaba esperando otro dictamen, pero que

todo estaba perfecto con el examen de mi madre, y que al verla físicamente veía a una mujer muy recuperada comparado a el primer día que la vio, que había visto un cambio en ella y una mejoría muy buena.
Todos los diagnósticos que antes los llevaba a asegurar un problema grave, ese día se quedaron sin piso, solo y únicamente por el AMOR de Dios. Cuando el ser humano no puede hacer nada y cuando toda esperanza aquí en la tierra se desvanece, entonces aparece la oportunidad de que el Padre una vez más sea glorificado, porque créame, fue su bondad y su amor en cada momento de cada día en medio de esa circunstancia, después de eso fue un tiempo casi de tres meses donde ellos hicieron exámenes super profundos para saber qué era lo que había pasado con ella y así explicar lo que había sucedido, y dar un diagnóstico acertado.
Pero ¿cómo explicar que alguien puede darnos gratuitamente lo que no merecemos y que un toque de su AMOR bastará para sanarnos?
Cinco meses después los médicos dijeron que todo había sido producto de un medicamento que ella estaba tomando para la tensión, seguramente muchos creerán eso, yo tengo la absoluta seguridad de la intervención de Dios en esta circunstancia y que en alguna respuesta científica sólo cabía dejarle ver a los médicos lo del medicamento, créame, Dios se ocupa de cada detalle.

La mayoría del tiempo la pasamos reclamando a Dios prosperidad, salud, justicia y usamos la palabra como un método de manipulación recordando lo que su palabra dice, como si él no la conociera, pero la verdad es que entre más conozco a Jesús me doy cuenta de lo mal adoctrinados que hemos sido y todo porque los creyentes no se toman la molestia de leer la palabra y orar.

Permítame contarle un relato bíblico de lo que la gracia de Dios produce en la vida del creyente y es el mismo Apóstol Pablo quien nuevamente es usado para mostrarnos la manera de permanecer en ella.

Amados hermanos, pensamos que deben estar al tanto de las dificultades en la provincia de Asia. Fuimos oprimidos y agobiados más allá de nuestra capacidad de aguantar y hasta pensamos que no saldríamos con vida. De hecho, ***ESPERÁBAMOS MORIR****; pero, como resultado,* ***DEJAMOS DE CONFIAR EN NOSOTROS MISMOS Y APRENDIMOS A CONFIAR SOLO EN DIOS*** *quien resucita a los muertos. 2da Corintios 1:8-9*

Note las frases que deje en mayúscula para que logremos identificar la manera como estos hombres se abandonan en el AMOR de Dios, por las circunstancias ellos esperaban morirse. Hoy si se escucha a un creyente en peligro de muerte decir que él se entrega a Dios y que si es el tiempo de irse para él está bien, los otros cristianos le caen encima y reprenden su manera de hablar y hasta le dicen que tiene anular y reprender la circunstancia y declarar que va a vivir y no sé cuántas cosas más que se encuentran lejos de las escrituras.

Debemos aprender a discernir entre reposar en la gracia de Dios y ayudar a un débil en la fe a fortalecerse lo cual se hace a través de la oración y el apoyo espiritual.

Cuando somos conscientes que Dios es el dueño de nuestra vida quitamos la mirada de la tierra y la ponemos en el cielo y el Apóstol dice que como consecuencia o como resultado de eso perdemos la confianza en nosotros mismos y aprendemos a confiar plenamente en Dios. ¿Sabe usted qué cosas pueden pasar a raíz de ese abandono en Dios? Leamos el siguiente versículo.

Efectivamente él nos rescató del peligro mortal y volverá a hacerlo de nuevo. Hemos depositado nuestra confianza en Dios, y el seguirá rescatándonos, 2da Corintios 1:10

Creo que hay momentos en la vida de cada creyente donde necesitamos experimentar el abandonarnos totalmente en los brazos y el AMOR de Dios y entregarnos a su voluntad creyendo que es verdad lo que él dice, que es un Dios veraz y que pase lo que pase su amor permanecerá fiel y nuestra fe intacta, siempre que aprendamos a vivir desde nuestro interior y no desde las circunstancias externas, todo lo que usted lee en las escrituras se queda depositado en su espíritu y seguramente en el momento que lo necesite va a brotar de usted para enseñarle que aunque el mundo se desmorona la persona que habita dentro de su cuerpo se va fortaleciendo día a día por el poder del Espíritu Santo.
Es importante saber que Dios no nos pediría algo que él mismo no hubiese vivido en la vida del Señor Jesús acá en la tierra, es por eso por lo que quiero tomar como referencia la muerte de Jesús en la cruz, es claro para nosotros los creyentes que ese plan ya estaba listo desde el principio, el Señor Jesús mismo lo confirmó cuando dijo.

Pues he descendido del cielo para hacer la voluntad de Dios, quien me envió, no para hacer mi propia voluntad. Juan 6:38.

También es claro que todo el proceso de las heridas, el rechazo y la muerte en la cruz lo vivió como hombre, o sea que experimentó dolor y angustia mientras todo esto ocurría, (Lucas 22:44,) tampoco es un secreto que Jesús tenía el poder para detener todo el flagelo que estaba viviendo, él mismo lo declaró de la siguiente manera.

Nadie puede quitarme la vida, sino que yo la entrego voluntariamente en sacrificio. Pues tengo la autoridad para entregarla cuando quiera y también para volver a tomarla. Esto es lo que ordenó mi padre. Juan 10:18

Obviamente este a los ojos de los hombres es una locura, ver que alguien que puede vivir largamente y hacerlo con poder y gloria, decida abandonarse en Dios, no tiene sentido para los seres humanos, es más si usted mira el cristianismo hoy en día, va a escuchar que los creyentes pueden reclamar vivir y no morir, que solo con reclamarle a Dios la palabra pueden sanarse y que es diabólico pensar que en la voluntad de Dios este que alguien muera y parta de este mundo, lo cual está lejos de lo que la escritura enseña.

¿Usted debe estar pensando, o sea que Dios quiere que muramos así? No, yo lo que creo es que Dios quiere que usted le confié su vida aún en las peores circunstancias, y seguramente él actuara en ella de acuerdo con su voluntad, esa voluntad que es buena agradable y perfecta para nosotros.

Si tratas de aferrarte a la vida, la perderás, pero si entregas tu vida por mi causa, la salvará. Mateo 16:25.

Debemos aprender a reconocer el amor de Dios en cada circunstancia, en la mayoría de las ocasiones que atravesamos por tiempos difíciles lo primero que se va a ver afectada es nuestro estado de ánimo, y la razón es porque nunca estamos preparados para situaciones caóticas, sin embargo, la madurez de la fe juega un papel importante en estas circunstancias, ya que si somos personas débiles espiritualmente es muy fácil perder el control y quedar expuestos a emociones que algunas veces pueden poner en riesgo nuestra salud mental, emocional y física, por eso la Biblia nos habla de tener siempre un estado de ánimo alegres.

Mis amados hermanos, pase lo que pase, alégrense en el Señor. Nunca me canso de decirles estas cosas y lo hago para proteger su fe. Filipenses 3:1 NTV

Él hablaba de estar contentos en toda circunstancia, el apóstol sabía que el estado de ánimo caía en momentos difíciles y si permitimos que pase nuestra fe se ve afectada y es ahí donde empezamos a luchar en nuestras fuerzas y en nuestra naturaleza. El estar gozosos refleja a nuestra alma que a pesar de lo que estamos viendo, estamos seguros de que Dios está en control y que pase lo que pase sabemos que todo terminará bien para nosotros.
Ahora; la única manera de experimentar el gozo es caminando en el espíritu, y solo podremos caminar en el espíritu si practicamos la oración y la lectura de la palabra, escuche lo siguiente: es imposible que un creyente camine en el espíritu si no ora ni lee las escrituras, si no existen estos hábitos en nuestra vida es claro que estamos caminando en nuestra humanidad y estas dos fuerzas siempre se oponen entre sí. (Gálatas 5:16-18)
No podemos caminar en AMOR, lejos del Espíritu Santo, ya que él es el único que tiene el poder de producir fruto en nosotros.

Recuerdo cuando mi esposo y yo pasamos uno de los momentos más difíciles de nuestra vida, créame no existía razón para estar contentos en ese tiempo y como le comenté en páginas anteriores Fer siempre ha tenido la facultad de discernir la manera como debemos lidiar con ciertos asuntos, puedo decir que Fernando es alguien que suele reposar mucho en la paz de Dios, y a lo largo de nuestra vida juntos lo he visto enfrentar tantas situaciones con muy buenos aciertos en sus actitudes que me han dejado desconcertada, él es alguien que no suele responder en momentos de euforia, dolor o decepción, sino que suele esperar, relajarse y meditar y como resultado se mantiene alegre a pesar de la circunstancia, pero en esta ocasión yo esperaba verlo desesperado o desesperanzado porque por primera vez en su vida estuvo en un hospital a causa de un accidente de trabajo que sufrió y que le ocasionó una lesión que le obligó a permanecer allí por más de tres semanas.

Durante este tiempo fue intervenido siete veces en cirugía, en lo personal debo reconocer que la angustia y el dolor de ver a mi esposo en esa situación me llevó a estar triste la mayoría del tiempo, y créame este es un sentimiento que para nada aporta a nuestra fe, recuerdo que mientras yo estaba preocupada por cada examen que le hacían a Fer, él hablaba con el personal médico de una manera serena y espontánea, pasaba tiempo hablando con las personas que repartían la comida en el hospital y también con los que limpiaban la habitación, en medio de sus charlas él les contaba anécdotas graciosas y los hacía reír mucho, tanto así que muchos de ellos cuando venían a la habitación pasaban tiempo allí esperándolo, solo para escucharlo y pasar un buen rato, mientras tanto yo llamaba a las personas que conocía que eran creyentes para pedirles oración, era tanta mi angustia que llamé hasta aquellos que prometen orar pero que usted sabe que nunca lo hacen, pero como la angustia, el dolor y la incertidumbre suelen responder con maneras humanas de decidir, pues yo tuve que pasarlo.

Por segunda vez en un lapso de tiempo no muy largo veía como la manera de construir desde el amor de Dios es fundamental para seguir viviendo y creyendo, mi esposo no desconocía su situación, de hecho, los médicos hablaban frente a él de una manera real y sin encubrir nada y obvio que Fernando experimentó el miedo por supuesto que sí, pero él aprendió a buscar en lo profundo de su corazón a través de la fe, cada cosa buena, justa, amable y de buen nombre para aferrarse a ella y pensar que eso es lo que Dios le dará.

Y ahora, amados hermanos, una cosa más para terminar. Concéntrese en todo lo que es verdadero, todo lo honorable, todo lo justo, todo lo puro. todo lo bello y todo lo admirable. Piensen en cosas excelentes y dignas de alabanza. Leer Filipenses 4:8
Es grandioso ver como una persona puede construir desde su interior y cuando hablo de esto me estoy refiriendo a tomar lo que Dios ha sembrado en nosotros y ponerlo a obrar a nuestro favor, sin importar cual fueren los resultados, aprendimos como familia que el amor de Dios no puede ser negociado, no podemos darle nada para que él nos ame, y no podemos ofrecerle amor para que haga todo lo que queremos o para que obre siempre de la manera que deseamos, y la razón es que Dios ya nos ha amado y lo hizo desde la eternidad y la prueba más grande de ello es la cruz.
Jehová se manifestó *a mí hace ya mucho tiempo, diciendo: Con amor eterno te he amado; por tanto, te prolongue mi misericordia. Jeremías 31:3*

Sabe usted la palabra inagotable y la palabra eterno significa que no tiene fin, que nunca se acaba, si pudiéramos por un momento meditar en esta palabra, podemos ver que Dios nunca lo va a dejar de amar, que pase lo que pase su amor siempre está disponible para su vida, que, aunque usted se equivoque ese amor permanece fiel, lo que pasa es que tenemos que aprender a conocer el amor

de Dios para nuestras vidas, este no es un amor humano, no es como el amor que nosotros experimentamos o creemos.
La biblia nos deja claro la manera como Dios nos ama, primero es fundamental que sepamos que Dios ama el mundo entero.

Porque de tal manera amó Dios al mundo que ha entregado a su único hijo para que todo aquel que en él crea no se pierda, sino que tenga vida eterna. Juan 3:16 y me parece importante porque creo que este es el punto de partida para empezar a conocer la clase de amor que él ofrece, si no escatimó ni a su hijo, por un mundo pecador imagínese si a los que ya somos sus hijos, nos negará algún bien de acuerdo con su voluntad.

Cuando el hombre dice que no hay solución, es el tiempo perfecto para ver la gloria de Dios.

Danis Bernal

BUSQUE LA RENOVACIÓN INTERIOR

En el año 2014 aterrizamos mis hijas y yo a la ciudad de Orlando Florida, mi esposo permaneció por un tiempo más en Colombia, veníamos con 4 maletas que estaban más llenas de sueños que de artículos materiales, en verdad casi todas nuestras pertenencias las dejamos atrás cuando nos movimos a esta nación, y la razón es que cuando nos llenamos de ilusión y de ganas de cambiar y hacer algo diferente, no calculamos el precio y simplemente nos lanzamos en aventuras que si buscáramos primero ser renovados en nuestro interior, seguramente saldríamos mejor librados.

Muchas veces nuestras oraciones son guiadas por nuestros anhelos y desafortunadamente cuando somos mal enseñados o adoctrinados nuestra naturaleza es seguir por esa línea así cambiemos de iglesia o nación porque es algo que se fundamenta desde adentro, aunque desde diferentes lugares vamos a querer seguir buscando lo que otros nos enseñaron a buscar. Es importante aterrizar un poco para empezar a hacer oraciones escriturales en nuestras vidas las cuales nos van a llevar a conocer la buena voluntad de Dios para nosotros y para ello es indispensable ser renovados desde el interior.

No imiten las conductas ni las costumbres de este mundo, más bien dejen que Dios los transforme en personas nuevas al cambiarles la manera de pensar. Entonces aprenderán a conocer la buena voluntad de Dios para ustedes, la cual es buena, agradable y perfecta. Romanos 12:2

En otras palabras, para conocer la buena voluntad de Dios es imprescindible ser transformados por el Espíritu Santo, de lo contrario siempre vamos a estar caminando y decidiendo en nuestra humanidad. Escuche esto: Es imposible que un cristiano camine en el Espíritu si no está leyendo y meditando la palabra, orando, dispuesto a tener una vida con y en Jesús.

Espero que esto resuelva la pregunta del millón que muchos creyentes hacen, y esa es; ¿cómo sé que estoy caminando según la voluntad de Dios? Sencillo, si, está orando, leyendo y meditando en las escrituras, quédese tranquilo, porque si usted lo está haciendo lo primero que va a venir a su vida es una renovación en su manera de ver las cosas, va a empezar a entender lo que significa caminar con Cristo y, su pensamiento va a ser transformado como dice la Biblia, entonces se dará cuenta que todo aquello que usted creía era bueno para su vida no lo es tanto, y que esas cosas por las cuales no quería pasar eran necesarias para su madurez espiritual, y la razón NO es porque Dios quiere vernos sufrir, sino que nuestra naturaleza pecaminosa persiste en nosotros a tal punto de hacernos creer que Dios no nos escucha, que no es necesario que oremos y le dice que no importa si usted lee las escrituras o no.

Ahora, muchos que están leyendo este manuscrito pueden estar pensando; pero yo no oro todos los días y no estoy metido en la palabra como usted dice, sin embargo, me ha ido bien, lo que me ocurre es bueno y le he atinado a casi todo lo que he hecho.

Hoy quiero dejar en claro algo, lo que es bueno para usted según sus estándares, necesariamente no es la voluntad de Dios para su vida, y no dudo que le haya ido bien conociendo la naturaleza y la bondad de Dios,
sin embargo, hay una diferencia entre que nos vaya bien y que vivamos según la buena voluntad de Dios, la primera va a llenar nuestras expectativas según nuestra naturaleza humana, la cual con el tiempo va a querer más para sentirse satisfecho, la segunda nos da la paz y la convicción de que pase lo que pase toda va a estar bien para mí y para mi generación.

Quiero expresar una experiencia al respecto. Cuando llegamos a vivir a América hay muchos retos que uno debe enfrentar, como el idioma, la cultura, el cambio de alimentación y uno de ellos que es bastante desgastante si uno lo vive a través de buscar lo que a uno lo dejaría feliz y tranquilo es la parte migratoria en esta nación, recuerdo que recién llegamos, empecé la búsqueda de obtener un status que me permitiera seguir viajando a mi país de origen frecuentemente, ya que yo pensaba que debía hacerlo por asuntos que yo consideraba de suprema importancia en mi vida, empecé a orar por ello de una manera desmedidamente preocupante, le decía al señor que él sabía que necesitaba solucionar esta situación ya que mis motivos eran buenos.
¿Ahora, buenos para quién?
Pues según mi manera de pensar así era, esta situación juntamente con todo lo que acarrea un moverse de nación, me fueron llenando de angustia y desesperación que trataba en la oración pidiéndole a Dios que me diera la manera de solucionar estos asuntos para yo poder estar tranquila, y aquí quiero hablarles a mis queridos hermanos creyentes que si se toman el

tiempo para orar y lo hacen de la manera que aprendieron en la congregación o una doctrina.

Créame fue mucho tiempo en el que oraba con angustia al respecto y buscar la manera o la forma de arreglar esta situación, miraba a mi alrededor y todo parecía confuso y no experimentaba la paz y es que cuando nos proponemos buscar a través de la oración las cosas que deseamos lo más probable es que terminemos en desilusión, pero cuando buscamos en oración a Dios quien es el que da todas las cosas, pues seguramente experimentamos lo mejor para nuestras vidas. Pablo dijo:

Y ahora toda la gloria sea para Dios, quien puede lograr mucho más de lo que pudiéramos pedir o incluso imaginar mediante su gran poder, que actúa en nosotros. Efesios 3:20

Como puede ver Dios puede hacer mucho más de lo que nosotros entendemos en nuestra manera humana de pedir, esto me enseñó que Dios tiene una manera de hacer las cosas y esa es la mejor manera. Debo confesarle algo, después de 7 años de orar diciéndole a Dios como era que yo quería que actuara en esta situación, aprendí, que estaba equivocada; y lo que me hizo entender esto, fue la continua lectura de la palabra y la oración, fui convencida en mi espíritu que Dios tenía lo mejor para mí y que debía confiar que pase lo que pase lo que Dios decidiera al respecto iba a ser lo mejor para todos nosotros y mi oración cambió, empecé a buscar su voluntad en esta circunstancia y a darle gracias por aquello que él nos dijera debíamos hacer, ahora en cada aspecto de mi vida le digo Padre tu eres bueno y sabes que es mejor para mí y mi familia, quiero estar en el centro de tu voluntad sea lo que sea que eso implique porque estoy segura va a terminar bien, le di toda preocupación a Dios y le pedí al Espíritu Santo me guiará por este caminar en paz y con acción de gracias.

Nunca dejen de orar. Sean agradecidos en toda circunstancia, pues esta es la voluntad de Dios para ustedes, los que pertenecen a Cristo Jesús. 1ra Tesalonicenses 5: 17-18 NTV

Dios también me direccionó a no buscar las cosas como lo hacen todos alrededor de mi vida, pues eso nos convierte en personas que buscan con desesperación tener lo que otros tienen, y es que lo que funciona para otros no necesariamente funcionará para su vida, sobre todo si usted es alguien que busca la presencia de Dios, además esto es algo que nos pone en una situación de querer tener lo que otros tienen y esto va directamente en contra de vivir en la verdad del amor de Dios, le aseguro que el Señor tiene algo para usted que a los ojos de los demás puede ser una locura, pero a los ojos de Dios es una bendición que no te añade tristeza, entonces muchas veces no es que nuestras oraciones no sean escuchadas, es que seguramente estamos pidiendo mal, lo estamos haciendo para sentirnos complacidos o para mostrarle al mundo que Dios está con nosotros o simplemente como dicen las escrituras con razones equivocadas.

Aun cuando se lo piden, tampoco lo reciben porque lo piden con malas intenciones: desean solamente lo que les da placer. Santiago 4:3 NTV

Lo anterior me enseña que debo llevar todos mis anhelos delante de Dios confiando plenamente que el endereza nuestras sendas como dice la palabra, lo más grande de todo esto es lo siguiente: cuando usted se vuelve un hombre o una mujer de oración diaria, buscando la voluntad de Dios, aun si sus intenciones fueran erróneas Dios moldeará su carácter y lo ayudará a tener convicciones divinas a tal punto que usted mismo se determinará a cambiar su manera de pedir, basta con estar delante de Dios aún con nuestros errores y deficiencias, empieza a enderezar lo torcido a guiar nuestros pasos hacia su voluntad y créame a amar lo que Dios ama, la Biblia lo dice así.

Confía en Jehová con todo tu corazón y no te apoyes en tu propia prudencia. Reconócelo en todos tus caminos y él hará derechas tus veredas. Proverbios 3:5-6 Reina Valera

La frase RECONÓCELO EN TODOS TUS CAMINOS, en la nueva traducción viviente dice BUSCA SU VOLUNTAD EN TODO LO QUE HAGAS.
Una de las cosas determinantes en el momento de decidir es el tiempo, y me refiero a que hay momentos donde no debemos accionar por la condición de nuestras emociones, debemos aprender a identificar esos tiempos de euforia donde no es conveniente decidir. En la Biblia hay enseñanzas innumerables de personas que pensaron únicamente en ese instante, y no midieron las consecuencias para el futuro y terminaron cometiendo errores grandísimos que les costó pérdidas en todo sentido. Miremos la palabra de Dios.

Cierto día, mientras Jacob preparaba un guiso, Esaú regresó del desierto, AGOTADO Y HAMBRIENTO. Génesis 25:29 NTV

Si usted sigue leyendo las escrituras, encontrará que este relato Bíblico habla del día donde Esaú vendió sus derechos de primer hijo por un plato de guisado, y lo hizo cuando experimentaba

cansancio, hambre y pensó en lo que lo podía aliviar o hacer sentir mejor en ese momento, pero nunca miro consecuencias futuras.
Ahora debemos entender que Dios no endereza los caminos de alguien con un corazón incorrecto, así que lo primero que Dios endereza es nuestro corazón y en esa medida todo lo demás llega, es por eso por lo que siempre recalco la importancia de la oración y estudio de la palabra en la vida del creyente.
Escuche algo, no sé por qué motivo las personas creen que los que deben orar son los líderes espirituales, cuando en realidad la razón por la que todos deberíamos orar es porque somo personas débiles que necesitamos de Dios, somos tan imperfectos que su presencia y su AMOR es lo único que puede transformarnos y llevarnos cada día a la estatura de Cristo, así que, si usted es alguien que considera que sus acciones lo alejan de Dios, pues déjeme decirle que es un buen candidato para que empiece a buscarle y hablar con él y seguramente a medida que esto crece en su vida su interior será renovado y va a querer más y más de Jesús al punto de no parar de conocerlo y buscarlo, le aseguro que experimentará esa fuerza que proviene de él para enfrentar cualquier situación y pase lo que pase salir vencedor.

Puedo decirle que cuando Dios empezó a renovarme de adentro hacia afuera, entendí que por mucha fuerza que haga, solo Dios tiene el poder y el amor de guiarme hacia lo mejor para mi vida y en ese sentido mi trabajo se vuelve muy fácil, es orar, conocerlo y confiar que, aunque no siempre las cosas no salen como yo quiero si está muy claro que lo que pase va a ser de mucha bendición y protección para mí y mi generación.

Es un deber del creyente escudriñar las escrituras todos los días, porque conocer la verdad es lo que nos hace verdaderamente libres.

Danis Bernal

SUELTE Y CONOZCA EL AMOR.

Y todo el que haya dejado casas o hermanos o hermanas o padre o madre o hijos o bienes por mi causa recibirá cien veces más a cambio y heredará la vida eterna. Mateo 19:29

No sé cuántas veces usted ha leído este versículo o ha escuchado predicar acerca de esta palabra, creo que Jesús en muchas ocasiones nos habla de desprendernos de las cosas de esta tierra, y es que hay una razón para eso y es que Dios quiere y anhela bendecirnos, cuando perdemos algo o a alguien por lo general nos aferramos a eso que ya no tenemos o cuando deseamos algo nos aferramos tanto que es imposible recibirlo a menos que lo entreguemos. Y es que el mundo se ha encargado de influenciar para que vayamos detrás de algo hasta el punto de lograrlo sin importar lo que haya que hacer, es más, he escuchado a algunos creyentes decir que hay que perseguir algo hasta alcanzarlo y aprovechar cualquier oportunidad para obtenerlo y la palabra que citan es la de Mateo 7:7 pedid y se os dará, buscad y hallaréis, tocad y se os abrirá, lo curioso de todo esto es que esta palabra la da Jesús hablando y refiriéndose a la oración no al hecho de buscar bendiciones.

Pero si usted estudia lo que la palabra dice al respecto de soltar o perder seguramente se va a llevar muchas sorpresas y también encontrará grandes tesoros que al ponerlos en práctica no solo traerán bendición a nuestras vidas, sino que nos ayudarán a encontrar la paz y el gozo, también es importante notar que el Señor habló de soltar todo, tanto cosas materiales como personas en nuestra vida, lo cual desde el punto de vista humano es algo muy difícil y casi imposible, hasta nos parecería inhumano tener que hacerlo, solo hasta cuando estamos frente a pérdidas donde no podemos hacer absolutamente nada al respecto es que tal vez nos disponemos a entregar aquello que estamos aferrados y la razón es que cuando nos sentimos vulnerables, nos acercamos a Dios y él en su bondad nos da la sabiduría para entender o en su efecto aceptar ciertas situaciones a fin de que podamos recibir la paz que sobrepasa todo entendimiento que proviene de él. Muchas veces también nos aferramos a personas en nuestras vidas, que, a nuestra manera de ver las cosas, son relaciones que necesitamos y creemos que si cambian no vamos a poder continuar, y la verdad la mayoría de las veces necesitamos llevarlas delante de Dios para que sufran algún cambio y se convierta en más saludables tanto para ellos como para nosotros, y recuerde para llevar relaciones delante de Dios, tendremos que llevar personas, porque nos relacionamos con seres humanos aquí en la tierra, lo que ocurre es que los miedos a perder, algunas veces nos inhabilitan para preguntarle a Dios si unirse fuertemente con alguien en una relación llámese matrimonio, noviazgo, amistad, negocios e inclusive ministerio está dentro de sus planes y Jesús habla de dejar todo delante de él.

Escuche; si algunas veces aún tenemos que enfrentar pérdidas de seres queridos donde sabemos que nunca más los volveremos a ver acá en la tierra, porque Dios en su bondad provee la fortaleza para seguir a pesar de eso, no cree que también nos ayudará a aceptar cambios en las personas que se relacionan con nosotros sí solo se lo pedimos a él, seguramente cuando lo entregamos estará de vuelta más pronto de lo que cree, eso sí, la manera la escoge Dios.
Y es que cuando soltamos aún la vida nuestra en sus manos todo parece cobrar sentido y pareciera que todo aquello que no funcionaba bien, de un momento a otro empieza a trabajar para nosotros, todo por la promesa que Dios nos da.

Si tratas de aferrarte a la vida, la perderás, pero si entregas tu vida por mi causa, la salvará. Mateo 16:25
Quisiera compartir con usted una historia que probablemente le ha pasado a alguien que está leyendo este libro, pero hoy la escribo desde la enseñanza del Espíritu Santo, lo hago con el consentimiento de las personas involucradas y usando sus nombres reales, ya que ellos anhelan ayudar a otros que probablemente estén atravesando un valle igual o similar al que ellos caminaron.
El cual nos consuela en nuestras tribulaciones, para que podamos nosotros también consolar a los que están en cualquier tribulación, por medio de la consolación que nosotros somos consolados por Dios. 2 corintios 1:4

Lenyn y Patricia son una pareja que se conocieron en la iglesia, y aunque no tenían interés sentimental el uno hacia el otro, Dios obró de manera sobrenatural en sus vidas, para que en determinado tiempo se casaran y establecieran una familia

fundamentada en el amor y respeto. A su vida en pareja Dios les añadió la bendición de un hijo a quien llamaron Samuel.
Ellos se habían conocido en el grupo de jóvenes de la iglesia a la que asistían y fueron amigos por más de un año sin imaginarse los planes que Dios había preparado para ellos al unirlos en matrimonio, aunque ninguno de los dos eran el prototipo que había pedido a Dios como pareja.

Eran jóvenes dedicados y radicales en la consagración para servir en la obra de Dios. Se casaron en el año 2006 y Dios les concedió la bendición de ser padres en el 2007 de Samuel, nació, grande sano, fue una gran oportunidad de conocer ese amor inmenso que nunca imaginaron se podía sentir hacia alguien.

Ese amor les enseñó a ser mejores personas, a esforzarse para darle todo, proteger, cuidar, sustentar y ellos experimentaron estrenar su corazón con el amor de padres. Todo estaba bien en sus vidas, hasta aquella mañana del 8 de marzo del 2008 cuando su hijo Samuel no despertó, y por más que oraron y pidieron, el bebe había amanecido sin vida. Los médicos dijeron que esto es una condición que se presenta en niños pequeños conocida como Muerte súbita o muerte de cuna.

Esto definitivamente rompió su historia en dos, no entendían nada, es como si el mundo quedará en pausa y solo lloraban y oraban a Dios para que lo resucitara, pudiera respirar o tener aliento. Empezaron a preguntarse por qué Dios no lo hacía, ¿por qué a ellos si eran cristianos?, ¿por qué si Dios los unió, ahora les enviaba este dolor? Y un sin número de preguntas más.

La Muerte de su hijo ya de por sí era demasiado devastador, pero con ella experimentaron más situaciones dolorosas como los juicios sociales o señalamientos equivocados, alguno de ellos era como que el niño murió porque ellos estaban en pecado, fue descuido, pero como no se dan cuenta si el niño dormía con ellos, o días después de su entierro, las personas que no sabían lo sucedido les preguntaran por Samuel. Empezaron a sentir culpa, frustración, rabia, y depresión, pues estaban conscientes que la muerte de un ser querido es muy dolorosa, pero algunas de ellas son esperadas por el proceso natural de la vida, como cuando alguien está de avanzada edad o muy enfermo inclusive la muerte de los padres, pero la Muerte de un hijo sano es algo que nunca se imagina un padre, los días posteriores fueron de mucho dolor y muchas preguntas a Dios, la más recurrente era ¿por qué ellos? ¡¡Pues nada tenía sentido!!

Con el pasar de los días y meses experimentaron que el dolor aún estaba presente, su oración a Dios era que esto menguara en sus vidas, pues no lo soportaban más.

Seis meses después vino la revelación de Dios a través de una palabra, fue como si las letras saltarán de la biblia y sanarán su corazón. Durante un concierto de la agrupación Hillsong en Bogotá Colombia, Mientras el salmista adoraba con la participación de unos niños de la iglesia, Dios les recordó nuevamente la palabra que desde que se convirtieron en cristianos ellos mismos la predicaban, la escuchaban, la leían, habla de salvación y estoy Segura de que tal vez ustedes la han escuchado.

Porque de tal manera amó Dios al mundo, que dio a su Hijo unigénito, para que todo aquel que cree en él, no se pierda, más tenga vida eterna. Juan 3:16

Se dieron cuenta que Dios comprendía y conocía el dolor que ellos estaban pasando, pues él mismo lo experimentó cuando vio morir a su hijo en la cruz, ese día entendieron que solo el Señor tenía el

AMOR para sanarlos, restaurarlos y usar esta situación para traer transformación a sus corazones y encauzar sus vidas hacia un propósito divino.

Entonces ocurrió lo inevitable, donde había dolor, ellos empezaron a sentir esperanza, sabían que su hijo estaba con Dios y eso cambió la oración en ellos, empezaron a encaminarse en el propósito de Dios y al permitir esta situación, fueron afianzados en el AMOR por otros que también sufren, ahora miran con misericordia a aquellos que viven situaciones similares, y son usados en gran manera para consolar a otros, dejaron obrar a Dios en sus vidas, el dolor pasó y ellos abrazaron la gracia y la bondad de Dios sobre sus vidas, entendiendo lo que la biblia dice.

Les he dicho todo lo anterior para que en mí tengan paz. Aquí en el mundo tendrán muchas pruebas y tristezas; pero anímense, porque yo he vencido al mundo. Juan 16:33 NTV

Olvidarás tu sufrimiento; será como agua que corre. Job 11:16

Dios me ha permitido ver y trabajar en el crecimiento espiritual de esta maravillosa pareja, he vivido muy de cerca la mayoría de los acontecimientos divinos sobre sus vidas, lo que más me llena de gozo es ver como el AMOR de Jesús ha llenado sus vidas y han aprendido a vivir soltando a Dios toda circunstancia y aprendiendo a entregar todo. Seguramente me escucharán hablar de ellos más adelante.

Es probable que experimentar el amor a través de situaciones tan dolorosas sea algo que parezca absurdo para muchos, pero también estarán de acuerdo conmigo que todos pasamos situaciones devastadoras en ciertos momentos de la vida, aquí lo determinante es lo hagamos con todo lo que nos pasa, he conocido personas que viven aferrados al dolor que experimentaron mediante una situación y lo abrazaron tan fuerte a tal punto que esto afecto muchas áreas en sus vidas e inclusive ha pasado a generaciones.

No podremos alcanzar el amor sin soltar lo que estorba nuestro corazón, el resentimiento, la duda, el odio, enojo y desesperanza. Eso para muchos puede significar dejar atrás anos de sentimientos negativos guardados en su corazón, que los han hablado con alguien incluyendo lideres cristianos, pero que jamás han sido llevados delante de Dios , pidiendo sanidad, libertad y restauración, ahí es donde soltamos todo, solo si el hijo nos libertare seremos verdaderamente libres, lo demás serán lo que llamamos paños de agua tibia lo cual nos harán sentir mejor por una temporada pero nuestro ser seguirá aferrado a cosas que no le favorecen.

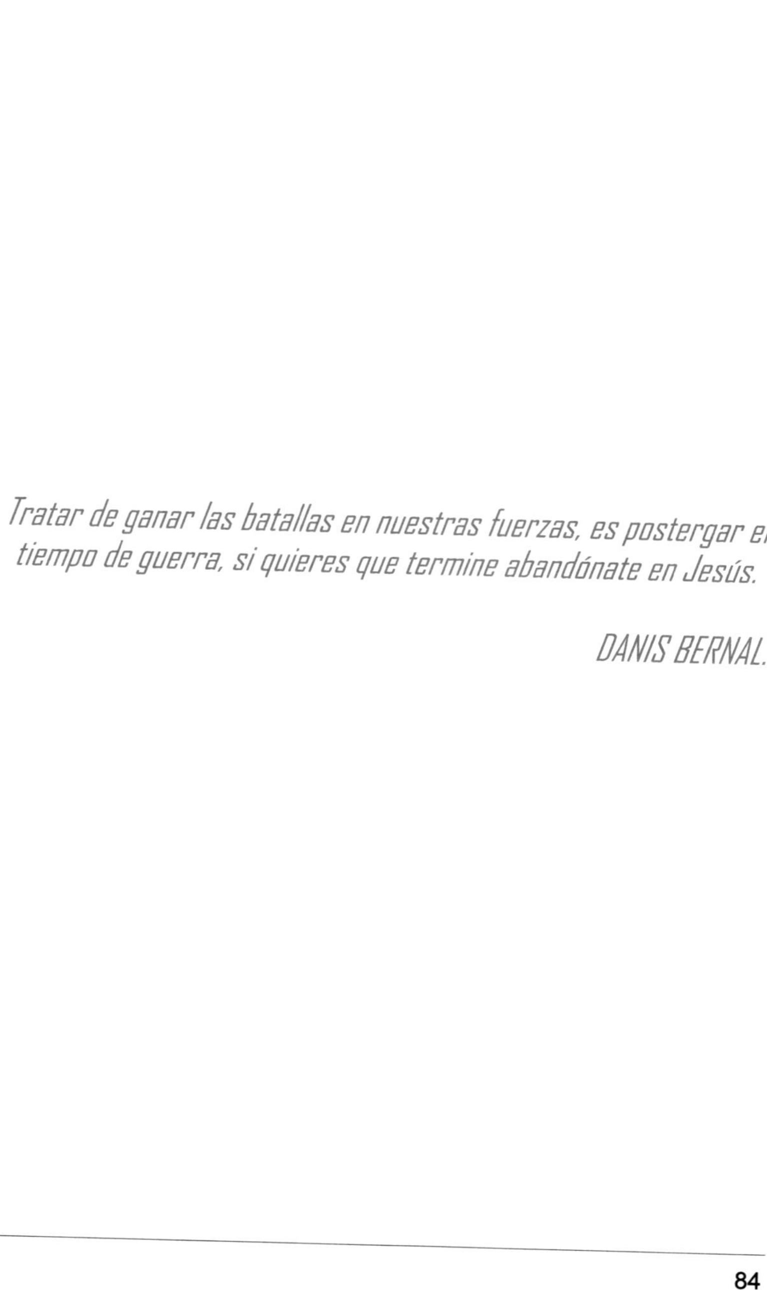
Tratar de ganar las batallas en nuestras fuerzas, es postergar el tiempo de guerra, si quieres que termine abandónate en Jesús.
DANIS BERNAL.

LA SABIDURÍA DE LO ALTO

Sabiduría, ante todo; adquiere sabiduría; Y sobre todas las posesiones adquiere inteligencia. Proverbios 4:7

Cuántas veces nos equivocamos en el transcurso de la vida, y cuántas nos lamentamos de no haber tomado las decisiones correctas, creo que este es el común denominador de la humanidad, pero ¿sabía usted que Dios estableció parámetros y proveyó un camino con el fin de no lamentarnos tanto? Así es, se llama Sabiduría.

Como dato importante le quiero decir que, aunque Dios es creador absoluto del cielo, la tierra y todo lo que hay en ella, él mismo creó la sabiduría antes de crear cualquier otra cosa. Proverbios (8;22-23)

Los seres humanos por lo general, hacemos de todo, estudiamos, trabajamos, nos casamos, compramos lo que queremos formamos una vida y cuando estamos de problemas hasta el cuello, entonces pedimos sabiduría para solucionarlos, estoy segura de que la razón de esto es porque desconocemos la manera de Dios hacer las cosas y que todo está establecido en su palabra.

¡Pues el Señor concede sabiduría! De su boca provienen el saber y

el entendimiento. Proverbios 2:6
La palabra de Dios es vital en la vida del ser humano, el señor Jesús nos dijo que no solo de pan vivirá el hombre sino de toda palabra que SALE de la boca de Dios, el camino de la Sabiduría es largo y muy enriquecedor, pero también es angosto y Dios dice que muy pocos entran por ahí.

QUE ES LA SABIDURÍA.

Tal vez usted ha leído o leerá en algún lugar un post que corre en las redes sociales qué dice: la sabiduría no es algo, la sabiduría es alguien, su nombre es Jesús. Y es que la Biblia nos deja ver que este camino ya existía desde antes de la creación y que estaba con Dios en el momento que él hizo los cielos y la tierra proverbios 8:22 y recuerde que el que ha existido desde el principio es el hijo de Dios, entonces la sabiduría es la vida de Jesús en el creyente, entre más crezcamos en su carácter y en el conocimiento de él, tendremos más claridad en este camino, por el contrario si no conocemos los parámetros establecidos por Dios no seguiremos sus mandatos, entonces, la necedad empieza a gobernar y sus resultados no son buenos.

En lo personal creo absolutamente que la Biblia tiene la respuesta a todas nuestras inquietudes y también creo que la palabra de Dios es infalible, todo lo que dice es verdad y se cumple lo que está escrito en ella, porque estoy convencida que es Dios hablando a nosotros para dejarnos conocer su carácter y su AMOR. El creador nos dirige en cómo buscarlo y obtener tan preciado entendimiento que nos alegra la vida y nos lleva por el camino de la verdad.
A continuación, requisitos bíblicos para adquirirla.

PIDALA A DIOS.

Si necesita sabiduría, pídesela a nuestro generoso Dios, y él se la dará: no los reprenderá por pedirla. Santiago 1:5

En mis primeros años como cristiana me decían que todo lo que le pidiera a Dios el me lo daría y recuerdo haber empezado una vida de oración desde los inicios de mi conversión, debo reconocer que tuve una influencia muy temprana en mi vida, tuve la fortuna de tener una abuela que oraba de mañana y de noche junto a la orilla de su cama casi nunca se dejaba escuchar, todo lo que yo veía era el movimiento de sus labios, ella amaba a Dios con todo su corazón y sé que su sueño era ver a todos sus hijos rendidos a los pies de Cristo, es una imagen que nunca se va de mi mente, y creo que fue un parámetro importante que ella sembró en mi corazón, también reconozco que en mis primeros pasos en la oración no sabía pedir, pensaba que Dios estaba ahí dispuesto a cumplir con todos mis caprichos y para serle sincera no recuerdo en esos primeros años haber orado por sabiduría, oraba por todo y por todos pero no por algo tan valioso como el conocimiento de Dios.

Y a eso súmele que mi conversión fue en una iglesia de crecimiento celular, pues casi todos los eventos espirituales estaban dirigidos hacia la multiplicación. No obstante, el que tenga el hábito de leer la palabra y orar, en algún momento por la gracia de Dios llegas a entender la prioridad en nuestra vida cristiana. (Proverbios 2:6 y 10)

BUSQUE LA SABIDURÍA

Amo a todos los que me aman. Los que me buscan, me encontrarán. Proverbios 8:17

Alguna vez alguien se preguntó: ¿Cómo sé si estoy decidiendo según la voluntad de Dios o mi propia voluntad? A lo que respondo de la manera más bíblica, si usted no está orando y no está leyendo las escrituras seguramente, está caminando en su propia humanidad.

La sabiduría no es un acto de magia, ni algo que puedes adquirir de la noche a la mañana, como dije anteriormente, si has entregado tu vida a Cristo y tienes una relación de amor diaria con Dios a través de su hijo (su palabra) seguramente el Espíritu Santo lo conducirá a toda verdad y a toda justicia.

Entre más temprano la busquemos será mejor para nuestras vidas puesto que seremos dirigidos por Dios y transformados a su carácter.

Teniendo en cuenta que por lo general empezamos pidiendo todo aquello que perece ante nuestros ojos, llámese casa, carro, universidad, y toda clase de bendiciones materiales por lo que no estoy en desacuerdo que se pida, lo que pasa es que la Biblia dice que busquemos primero el reino de Dios y todo esto será añadido.

Busquen el reino de Dios por encima de todo lo demás y lleven una vida justa, y él les dará todo lo que necesiten. Mateo 6:33 NTV

Recuerdo muchos años de mi vida cristiana orando mucho lo cual es bueno, pero también reconozco que las oraciones no eran tan acordes a lo que Dios dice que pidamos o que oremos, nos enseñan a pedir de todo menos las cosas de arriba, las que pertenecen al reino de Dios, Jesús dijo que en el momento de orar digamos: venga a nosotros tu reino (Mateo 6:10) y la biblia establece que el reino de Dios no consiste en lo que comemos o bebemos sino en justicia, paz y gozo en el Espíritu Santo. (Romanos 14:17)

Para buscar la sabiduría hay que buscar a Jesús, y la razón es; que él es la sabiduría y sólo podemos conocerlo a través de las escrituras.

¿Recuerda cuando José y María perdieron de vista a Jesús?

Nos cuenta que lo encontraron después de tres días y estaba en el templo sentado entre los maestros religiosos escuchándolos y

haciéndoles preguntas y todos los que lo escuchaban quedaban asombrados de su entendimiento y sus respuestas, a pesar que ellos eran maestros de la ley de Dios, estaban atónitos de la manera como Jesús hablaba, se supone que ellos leían los mismos escritos que José y María le enseñaban a Jesús sin embargo no tenían la sabiduría de Jesús y la razón es que este niño crecía en sabiduría, favor para con Dios y para con los hombres al mismo tiempo que obedecía a sus padres. (Lucas 2:52)
Si no leemos las escrituras y buscamos sabiduría, estaremos edificando en la sabiduría humana, en lo que el mundo nos enseña, o en lo que otros nos quieren hacer creer, los religiosos creían tener mucho conocimiento y se jactaban de eso, pero no les interesaba caminar en la verdad, cuando nos disponemos a leer y a orar pidiendo entendimiento y revelación, empiezan a ocurrir en nuestra vida acontecimientos que nos reflejan lo equivocados que estamos y nos impulsa a buscar la verdad de Dios la cual nos hace libre primeramente del error y luego de todo aquello que nos ata a una vida sin fruto en el Espíritu.
Recuerde que el camino de la sabiduría se busca a través de las escrituras y la oración pidiéndole al Espíritu Santo que nos lleve a toda verdad y a toda justicia. (Juan 16:13-15)

OBEDEZCA LO QUE DIOS DICE.

No hay manera de caminar en sabiduría si estamos en desobediencia a Dios y lo que trae obediencia es el temor a Jehová, este es el principio de caminar en sabiduría.

Hijo mío, presta atención a lo que te digo. Escucha atentamente mis palabras. No las pierdas de vista. déjalas llegar hasta lo profundo de tu corazón, pues traen vida a quienes las encuentran y dan salud a todo el cuerpo. Proverbios 4:20-22

Se que a muchos nos gusta que cuando leemos algo podamos tener pasos a seguir, y eso es porque cuando leemos una escritura nuestra mente no es específica con lo que Dios quiere hablarnos, entonces creemos que quedamos sin entendimiento y sin saber qué hacer.
Déjeme decirle algo; la palabra de Dios es infalible por tanto si dice que produce algo determinado en nuestras vidas cuando obedecemos aquello que la misma palabra convoca a sujeción, el resultado siempre será el cumplimiento de lo que Dios dijo, lo que sucede es que algunas veces creemos estar caminando como hijos de Dios sin darnos cuenta de que nuestra falta de disciplina y hábitos para conocerle nos deja a un lado del camino esperando y no en el camino dando pasos hacia el crecimiento.
Veamos qué dijo Jesús:
Todo el que escucha mi enseñanza y la sigue es sabio, como la persona que construye su casa en una roca sólida. Mateo 7:24

Escuchar la palabra de Dios es de cristianos, pero escucharla y obedecerla es de cristianos sabios y créame hay un mundo de diferencia entre ambos.
Existe un concepto errado muy arraigado en la vida del creyente, y es considerarse un cristiano fiel y maduro porque va a todas las reuniones de la iglesia y se compromete a servir en alguna y todas las áreas de la iglesia, pero puedo decirle por experiencia propia que este concepto nos aleja de la verdad.
Recuerdo desde mi conversión haber trabajado casi a tiempo completo en el ministerio, obviamente sin pertenecer a una nómina o recibir algún salario a cambio, todo lo que hice lo hacía de una manera apasionada para el Señor, lo cual es bueno, pero puedo decir con firmeza que esto no es en ninguna manera, la fuente para crecer y madurar en el carácter de Cristo, por el contrario

creo que el ministerio es el resultado de un llamado que Dios hace a alguien que ha decidido rendir su vida a Cristo, obedecer su palabra y así recibir la preparación espiritual para ser usado por Dios, creo con certeza que, gracias a la búsqueda de su presencia y su voz, pude entender que hay cosas que se salen del orden de Dios y experimentar la convicción de buscar obediencia antes que sacrificios y decidí hacerlo aun estando dentro de la iglesia, aunque esto me trajo conflictos dentro del ministerio, recuerdo haber buscado en oración la dirección de Dios durante un año para tomar decisiones que sabía debía efectuar.

¿Qué es lo que más le agrada al señor: ¿tus ofrendas quemadas y sacrificios, o que obedezcas a su voz?
¡Escucha! La obediencia es mejor que el sacrificio, y la sumisión es mejor que ofrecer la grasa de carneros. 1ra Samuel 15:22 NTV
Tampoco estoy diciendo que un nuevo creyente no puede servir en la iglesia, por supuesto que sí, siempre y cuando se le direccione más a su crecimiento y madurez espiritual que a su crecimiento ministerial y es importante que sea discipulado por alguien, la Biblia nos llama a ejercer la sabiduría a través del servicio a Dios, pero la fuente de esta es una puerta llamada obediencia y todo lo que esto conlleva cuando entras por ahí, como resultado seguramente vamos a ejercer con sabiduría el ganar almas.
Tenga en cuenta que los siervos de Dios deben hacer lo que él indica, y esto es: obedecer, no hay opción de hacerlo y cuando se decide optar por la rebelión, esta es una actitud que seguramente tiene consecuencias.
También estará de acuerdo en que en nuestra naturaleza tendemos a centrarnos en nosotros mismos, en lo que pensamos o sentimos, queremos complacernos haciendo lo que queremos, y no nos gusta que otros nos digan que hacer, pero queramos o no la

Biblia establece que la obediencia nos encamina en la sabiduría y el amor de lo alto.

Todo el que escucha mi enseñanza y la sigue es sabio, como la persona que construye su casa sobre una roca sólida. Mateo 7:24

¿Qué nos enseña Jesús aquí?

Que la persona que obedece a Dios construye su vida sobre la sabiduría y esto ocurre cuando decidimos hacer las cosas direccionadas por la escritura y no por lo que sentimos, deseamos o nos gusta hacer. Hacer lo correcto en la verdad de Dios en lugar de lo que queremos nos ayudará a estar tan firme y fuerte que pase lo pase nos sostendrá y nos dará larga vida, salud y riquezas.

Queridos amigos: se necesita fuerza interior para volar como las águilas, una visión interna tan grande que no te deja caer y cuando esa fuerza proviene del Espíritu santo entonces nadie te detendrá, no uses agua (emociones) usa combustible (poder espiritual) solo él te mantendrá tan alto como quiera llevarnos hacia su presencia, no te permitas perder el gozo porque entonces escaseará tu fuerza y aviva el fuego todos los días de tu vida con la palabra y la oración.

El engaño tratará de engatusarte, pero tú escapa como gacela, recuerda que en las orillas no encontrarás mucho, solo unos peces alardeando, pero sí bogas mar adentro no te imaginas las riquezas que hay en las profundidades de tu corazón, búscalas y tómalas, pero ve con cuidado, en mucho silencio no hagas tanto ruido para que los monstruos marinos no traten de detenerte y tragarte, ahí en tu interior está eso que tanto has estado buscando solo despeja la vía quita todo estorbo, malicia, envidias, enojos, celos, contiendas, chismes y quejas porque esto será el tiempo que se interpone entre ti mismo y lo que buscas.

Cuantas más tardes en limpiar ese camino, tardarás en encontrar el tesoro llamado sabiduría.
No te permitas ser hallado entre los muertos, entre los que no sueñan, ni soplan vida, aquellos que ventilan su saber, pero carecen de intuición.
Procura establecer tus estándares en la verdad, o sea en Jesús y trabaja para parecerte cada día más a él, no seas como el mulo que arrisca hacia direcciones erróneas, escucha la voz más suave que percibas, aquella tan tenue que sólo unos pocos la pueden discernir y seguir.
Escapa del ruido de los habladores, busca la paz y síguela, no olvides que la soledad puede ser una gran aliada porque allí se crean grandes propósitos, pero claro, esto lo aprenderás al pasar de los días cuando mires a lado y lado de tus hombros y veas que aquellos que se llamaban fieles ya no están, entonces te aferras a ella y así aprenderás a escuchar al maestro, al formador o como lo llamamos el Alfarero.
Fue así como fuimos formados en la oscuridad del vientre de nuestra madre, donde nadie podía ver o imaginar cosa alguna.
¡Que ingenio! que grandeza del creador al mostrarnos su gloria, pero no te alteres ni te afanes solo camina con integridad, CONFIA, pero sigue caminando y sabrás que el tiempo establecido llegó, entonces emprende vuelo como las águilas y remóntate creyendo que eres sustentado y una vez más mientras vuelas, solo, CONFIA.
Todo lo anterior no es otra cosa que caminar en AMOR, y es que esa puerta es tan estrecha que mirarla con ojos físicos nos ocasiona desanimo, nos parece que no vamos a llegar o que tardaremos mucho, es por eso que hay que cerrar los ojos y creer lo escrito por el dedo de Dios, esa es la verdad, hay que caminar y aun sin ver, sigamos el sendero marcado y cuando logres entrar

por esa puerta angosta no te detengas, habrán momentos de querer regresar, pero no lo hagas, continua, PERMANECE y una vez más, CONFIA.

En este punto podemos hablar de cristianos que caminan en la carne y los que caminan en el espíritu, aunque ambos son salvos por la gracia de Dios, solo aquellos que deciden crecer en el conocimiento de Jesús, pueden tomar ese camino a la madurez y la sabiduría así mostraremos en verdad quienes somos y a quien seguimos, es un problema muy grande ver a multitud de creyentes haciendo su vida bajo sus propios parámetros y esa es una de las principales razones por la que hay muchas personas que no quieren saber de Cristo, pues ellos viven cuestionando la postura de la iglesia en cuanto a la moralidad ya que no temen al Dios que servimos, les parece bien ir a la iglesia los domingos, pasan junto a nosotros pero no quieren ser parte con nosotros, pues ellos solo ven personas que corren de un lado a otro sirviendo a Dios, pero no ven a Dios en acción en la vida del creyente.

Si dejamos ver al señor Jesús en acción en nosotros el mismo los atraerá, exaltar a Dios no solo con palabras sino con un modo de vida, permitamos que los demás vean los resultados de un Cristo que vive en una persona, hogar o congregación y seguramente eso cambiará la percepción que el mundo tiene de la iglesia.

Con el crecimiento espiritual podemos dejar que los líderes del mundo vean los milagros que Dios hace y así como en los tiempos de Daniel, el rey Nabucodonosor tuvo que reconocer que no hay un Dios superior al nuestro.

¿Cómo saber si estamos caminando en la sabiduría?

La medida de eso son nuestras acciones y la manera como manejamos nuestra boca, también se refleja en nuestro trato con las personas que nos rodean, Dios se tomó el trabajo de dejarnos saber si en realidad la estamos adquiriendo, No podemos caminar en sabiduría sin caminar en AMOR, puesto que no se trata del conocimiento, sino de comportamientos cimentados en nuestro carácter, que no se pueden fingir y si alguien lo hace no los puede sostener por mucho tiempo, en algún momento será expuesto ante la verdad de Dios.

Sin embargo, la sabiduría que proviene del cielo es, ante todo, pura y también ama la paz; siempre es amable y dispuesta a ceder ante los demás. Está llena de compasión y del fruto de buenas acciones. No muestra favoritismos y siempre es sincera. Y los que procuran la paz sembrarán semillas de paz y recogerán una cosecha de justicia. Santiago 3:17-18

Cuando vamos a salir por la mañana por lo general nos miramos al espejo para saber si estamos bien arreglados para la ocasión, llámese trabajo, estudio, deporte, reunión etc., y algunas veces nos damos cuenta que nos falta o nos sobra algo y lo cambiamos o arreglamos inmediatamente, no lo dejamos para después porque corremos el riesgo de olvidarlo, creo firmemente que la palabra de Dios es como un espejo para nuestras vidas en él, nos podemos mirar todos los días, y saber lo que nos sobra y lo que nos falta, el inconveniente es cuando no accionamos inmediatamente, y decidimos aplazar el caminar en lo que Dios nos dice para ser hacedores de la palabra, no hay manera de caminar en sabiduría sin leer las escrituras y permitirle al Espíritu Santo obrar en nuestras vidas y esto se obtiene pidiéndole a Dios en oración que produzca en nosotros el querer como el hacer. Filipenses 2:13

y para eso hay que exponernos delante de él, reconociendo nuestra condición, también necesitamos ser intencionales, no procrastinar en algo tan importante en nuestras vidas

Debemos estar vigilando nuestro crecimiento espiritual y eso solo lo podemos hacer al leer todos los días la Biblia si usted vuelve a leer la palabra del libro del apóstol Santiago, se dará cuenta que nos brinda una medida para saber si estamos siendo sabios y en esa medida la acción se convierte en algo fundamental para nosotros, le digo en verdad que hay miles y miles de personas que desean y anhelan caminar en sabiduría pero no saben cómo hacerlo y cuando reciben instrucción de parte de Dios (la Biblia) dan la espalda porque este modo no les agrada, siempre va a ser más fácil y sencillo tomar la decisión de la puerta ancha, la que es más cómoda para el enojo, la tristeza, el desánimo, la envidia los celos la contienda y otras cosas parecidas, pues, aunque vamos a la iglesia y oremos tal vez estemos buscando a Dios con fines equivocados, por ejemplo: para que nos prospere o nos de lo que anhelamos, pero es diferente cuando entablamos una relación con Dios con el fin de conocerle a él y crecer en la manera como a él le agrada que vivamos, cuando decidimos relacionarnos en AMOR con Dios, porque anhelamos la sabiduría del cielo para vivir en esta tierra, entonces nos vamos a encontrar en la dificultad de elegir entre las dos puertas y solo con la ayuda de Dios quien nos fortalece y nos direcciona, decidiremos lo correcto en vez de lo que nuestras emociones desean, el cristiano con una mente no renovada no tiene esta dificultad simplemente abraza el camino fácil, le da rienda suelta a sus deseos, no existe esa lucha en él y siempre cree tener la razón.

La madurez espiritual se produce en nosotros a través del Espíritu Santo, y por lo general podremos vigilar el caminar en Cristo, pero la mayoría de las veces nosotros mismos no vemos esa madurez y crecimiento en nosotros, pero las personas que nos rodean sí. ¡Sabe! Con gran tristeza he podido conocer personas en Cristo, que frecuentan la iglesia, pero su manera de hablar, decidir y actuar frente a situaciones sigue siendo la misma que cuando llegaron a la congregación, y lo más triste es escuchar cómo se jactan de su vida transformada, y la manera de ellos medir esto es por sus bendiciones financieras o los recursos que llegan a su vida, sin embargo, su carácter aún no se sujeta a la manera de Dios hacer las cosas.

Debo reconocer que por algún tiempo creía que si Dios nos bendecía en los negocios es porque estábamos caminando bien con él, e inclusive pensaba que si por algún momento algo no salía como yo esperaba, lo único que tenía que hacer era declarar la palabra y las cosas se tenían que acomodar a mi manera, pero en realidad lo único que hacía era alimentar el ego de ser cristiana y decir que lo único teníamos que hacer era servir a Dios en el ministerio y todo lo demás tenía que fluir, pero la realidad es que somos llamados a seguir a Jesús, a hacer una vida en él y con él y esto nos lleva a caminar por una senda donde empiezas dando pasos de fe sin ver mucho, pero con la certeza de la vida que tienen con él siempre tendrá un buen final.

Jesús lo dijo así:

Solo puedes entrar al reino de Dios a través de la puerta angosta. La carretera al infierno es amplia y la puerta es ancha para los MUCHOS que escogen ese camino. Sin embargo, la puerta de acceso a la vida es muy angosta y el camino es difícil, y son solo unos POCOS los que alguna vez lo encuentran. Mateo 7:13-14

¡Escuche esto! Siempre va a ser más cómodo actuar y hablar de una manera deliberada, y cuando desahogamos esas emociones nos sentimos ganadores, pero la verdad es que perdemos. Cada vez que NO nos sujetamos al espíritu de Cristo es una resta que hacemos a entrar por la puerta de la sabiduría.

Le puedo contar las muchas veces que me equivoqué al respecto sin darme cuenta de que estaba sembrando para recoger tiempo después.

Me case con Fernando hace 24 años, tenemos dos hijas manuela de 21 y Gabriela de 17 contrajimos matrimonio en la iglesia donde nos convertimos, pero nos conocimos en el colegio donde nos graduamos, doy gracias a Dios que hemos tenido un muy buen matrimonio no perfecto, pero en verdad bueno, sé que todos los matrimonios pasamos por tiempos difíciles y el nuestro no ha sido la excepción, también sé que humanamente hablando esto es normal entre las parejas ya que somos dos personas con temperamentos diferentes que nos unimos con un bien común y es el de formar una familia y en el caso de nosotros los creyentes un hogar que honre a Jesús.

Sin embargo, a menudo que crezco en el conocimiento de Dios me doy cuenta de que muchos de esos inconvenientes y dolores se pueden evitar con tan solo caminar la puerta angosta que a cada uno le corresponde como pareja y que está establecido en las Escrituras.

Las casadas estén sujetas a sus propios maridos, como al Señor; porque el marido es cabeza de la mujer, así como Cristo es cabeza de la iglesia, la cual es su cuerpo y él es su salvador. Así que, como la iglesia está sujeta a cristo, así también las casadas lo estén a sus maridos en TODO. Efesios 5:22-24

Usted no se imagina el tiempo que me llevó acatar esta palabra en mi vida, y la razón es porque mi carácter no había sido formado para esto, desde muy niña fui muy pero muy independiente en todas las áreas incluyendo la financiera puesto que empecé a trabajar cuando tuve 12 años, hablo de esto porque por lo general las personas asumen los problemas matrimoniales como si el origen fuese ahí, pero en realidad la mayoría de ellos son consecuencia de la falta de formación del carácter de Cristo en nosotros lo cual es un problema desde antes de casarnos, pero esto es algo que tocaremos más adelante.

Maridos, amad a vuestras mujeres, así como Cristo amó a la iglesia, y se entregó así mismo por ella, para santificarla, habiéndola purificado en el lavamiento del agua por la palabra. Efesios 5:25-26

En este tiempo doy gracias a Dios por la vida de Fer, quien a pesar de mi carácter y temperamento tuvo la paciencia para lidiar conmigo hasta mi madurez espiritual, pero se imagina usted que él no se hubiese aguantado la situación y en lugar de eso no me hubiese amado y entregado por mí, seguramente estaríamos contando otra clase de historia como pareja. Como le dije anteriormente de esto hablaremos un poco más en otro capítulo.

Lo que si les puedo decir es que debo agradecer a Dios la misericordia que le agrado tener conmigo.

Conocer la palabra de Dios, nos hace cristianos, pero conocerla y obedecerla, nos hace cristianos sabios.

Danis Bernal

UNA VIDA EN EL ESPÍRITU.

La diferencia entre el mundo y la iglesia no son las cuatro paredes donde nos congregamos cada domingo, tampoco las aptitudes que tengamos para ejercer el trabajo en la obra y mucho menos la cantidad de Biblias o libros cristianos que tengamos en cada rincón de nuestra casa, definitivamente lo único que nos puede diferenciar de los NO creyentes es una vida ejercida en el fruto del Espíritu santo, el cual es producido por él en nosotros como consecuencia de la PERMANENCIA en Cristo a través de la oración, el estudio, meditación y sujeción a la palabra de Dios.

Se que hoy en día se ofrecen muchos atajos para llevar una vida espiritual, pero en realidad ninguna de estas cosas tales como: tener un ministerio de multitudes, moverse en los dones espirituales, servir en muchos ministerios al tiempo, asistir a cada reunión que haya, ser un salmista reconocido y no quiero dejar de mencionar que usted puede ser el que más diezma y ofrenda en la iglesia.

Mire lo que dijo Jesús;

No todo el que me dice: Señor, Señor, entrará en el reino de los cielos, sino el que hace la voluntad de mi padre que está en los cielos.
Muchos me dirán en aquel día: Señor, Señor. no profetizamos en tu nombre, y en tu nombre echamos fuera demonios y en tu nombre hicimos muchos milagros? Mateo 7:21-23

Todas las cosas mencionadas al iniciar este capítulo son buenas si proceden de un creyente que ejercita el fruto del Espíritu Santo en su vida sea cual fuere la situación o las circunstancias que viva, y es que estoy segura de que una relación con Dios a través del Espíritu siempre va a sacar a Jesús como reflejo en nosotros.
No obstante, debo reconocer que estamos viviendo tiempos frustrantes, donde encontramos personas que no quieren saber nada del cristianismo, que se rehúsan a una invitación a la iglesia o a un grupo de oración y ni siquiera quieren buscar a los creyentes para pedir un consejo, y la razón de esto es que ya han tenido contacto con muchos cristianos.
Siiii, han conocido tantas personas que asisten a la iglesia todos los domingos, pero su proceder de lunes a sábado es un caminar en sus emociones y propia carne, tanto así que, si se paran junto a un grupo de no creyentes en una reunión familiar, política o de negocios, y nadie nota la diferencia.
¡Ahora! todos después de ser salvos recorremos un tiempo de niñez espiritual que las escrituras lo llaman inmadurez, pero también sabemos, que no nos debemos quedar ahí, que cuando se nos enseña la manera de vivir en Cristo somos responsables de alimentarnos y adquirir hábitos de modo que podamos crecer de una manera saludable en el área espiritual. desafortunadamente siempre ha existido la persona que se acomoda en su manera de ser y de vivir y le es más fácil y cómodo tomar los atajos que

nombramos al principio, como consecuencia hay una vida llena de dolores y cargas, sin discernimiento entre el bien y el mal e inexperiencia en la palabra de Dios que al final no glorifican a Dios ni traen beneficio a la iglesia de Jesús, creo que el apóstol Pablo lucha con mucho de esto en la iglesia de Corinto.

De manera que yo, hermanos, no pude hablaros como a espirituales, sino como a carnales, como a niños en Cristo.

os di a beber leche, y no vianda; porque aún no erais capaces, ni sois capaces todavía, porque AÚN SOIS CARNALES; pues habiendo entre vosotros celos, contiendas y disensiones, no sois carnales, ¿y andáis como hombres? Ira Corintios 3:1-3

Pablo dijo que no habían sido capaces y que todavía no eran capaces, ósea que había transcurrido un tiempo para estos cristianos y aun caminaban en la carne, recuerde que la Biblia dice que todo tiene su tiempo y todo lo que se quiere debajo del cielo tiene su hora (Eclesiastés 3:1).

Para la mayoría de los creyentes ser cristiano se limita a esforzarse por parecer un buen hijo de Dios delante de los hombres, pero no hay actividad espiritual, no hay poder, tampoco disciplina y determinación en conocer y seguir a Jesús. la mayoría de los asistentes a la iglesia reducen la vida espiritual en tres cosas.

1 Dios sabe que soy humano y me equivoco
2 Lo que dicen en la iglesia es suficiente
3 Hago lo mejor que puedo

Esto se reduce a asistir a reuniones con la esperanza de que alguien le diga una palabra que le levante el ánimo y así tener un poco más de combustible para el resto de semana, pero en realidad sus vidas están carentes de lo divino, manejan sus negocios como los incrédulos lo hacen, argumentando que todo el mundo lo hace y que esa es la realidad de la vida y así la religiosidad gobierna sobre la espiritualidad. A esto añada el número de divorcios cristianos en nuestros países el cual no insta mucha con los matrimonios no creyentes, la cantidad de jóvenes cristianos que llevan una vida secular en cuanto a hábitos y convicciones se refiere, cuantas entidades religiosas que son desmantelados por sus escándalos morales y súmele los miles de creyentes en las calles y en las redes sociales haciendo huelga y manifestaciones contra las autoridades y gobiernos. Créame hay un desgaste inmenso en esta manera de pensar y también un abismo entero con la verdad, hemos cedido terreno en lo espiritual y es algo que debemos recuperar como creyentes, en lugar de cristianos en las manifestaciones y huelgas, los tiempos de velar, ayunar y orar como comunidad deben ser establecidos con la misma importancia, perseverancia y disciplina que el culto dominical.

LA VIDA ESPIRITUAL VISTA DESDE EL LIDERAZGO.

Es una preocupación la que nos embarga por llevar la verdad a la mayoría de las personas, es una satisfacción poder ver vidas guiadas por los principios de la palabra de Dios, y nada es más doloroso que ver personas que ves tras vez asisten a las reuniones dominicales, toman notas y luego no hacer nada con ellas y así se pasa el tiempo sin crecer y fructificar en el espíritu pero, lo más doloroso es ver cómo hemos perdido el horizonte y la razón por la cual Dios quiere desde el principio que nos desarrollemos en medio de una sociedad maligna y perversa y eso es; ser luz para el mundo Pablo lo dijo así.

Haced todo sin murmuraciones y contiendas, para que seáis irreprensibles y sencillos, hijos de Dios sin mancha en medio de una generación maligna y perversa, en medio de la cual resplandecen como luminares en el mundo. Filipenses 2:14-15

Nuestra manera de hacer negocios debe ser característico de un hombre o una mujer que temen a Dios, debe haber una diferencia en la manera de criar a nuestros hijos, y nosotros como parejas deberíamos ser el faro para aquellos que deciden quedarse en el mundo y que tienen un concepto equivocado de la obra redentora de Cristo.

No podemos esperar que las personas acepten al salvador mientras como cristianos carecemos de amor los unos por los otros, entienda que nosotros como cuerpo de Cristo somos las manos, los pies , los ojos, los oídos de Dios acá en la tierra, somos su voz y no se angustie pero créame cuando le digo que para algunas personas somos la única imagen de Jesús que ellos vean en sus vidas, y es por eso que los incrédulos no quieren saber de Jesús o de la iglesia, porque como le dije antes, tal vez ya han conocido demasiados cristianos en la carne y para ellos ya es suficiente.

LA VIDA ESPIRITUAL VISTA DESDE LAS SILLAS DE LA IGLESIA.

Las cosas se ponen más difíciles cuando vemos que la mayoría de las personas creyentes que creen y consideran que la multiplicación de la iglesia y del Reino de Dios es responsabilidad única del pastor y su sermón dominical y esto está muy lejos de las escrituras, pues la Biblia enseña que Dios le dio en la iglesia Dones a los hombres, para preparar el pueblo para hacer la obra. Efesios (4:11-12).

Todos sabemos qué el método principal para ganar gente son las mismas personas. ¿Qué personas? Hombres y mujeres que han sido transformados por la verdad establecida en la palabra de Dios, que han permanecido en ella y a causa de eso pueden mostrar el fruto del Espíritu Santo en sus vidas y es reflejado en la manera como llevan sus asuntos en cada área, como está escrito en la Biblia son temerosos de Dios y gobiernan sus asuntos con juicio (Salmo 112:5).

Como alguna vez dijo el Dr. Charles Stanley:

"Hombres y mujeres imperfectos que hayan aprendido a caminar en una continua dependencia del Espíritu Santo, cristianos que hayan enfrentado sus defectos, fracasos y temores, creyentes que no estén conformes con solo existir" (La maravillosa vida llena del Espíritu. Grupo Nelson editorial)

Nuestra manera de vivir puede afectar muchas vidas a nuestro alrededor y si tomamos la decisión de caminar en el espíritu lo más seguro es que todo en su entorno empiece a sufrir cambio, y también nos alejaremos de intervenir en cuestiones de decidir quién debería hacer que, en la iglesia, por lo contrario, nos haremos a un lado y permaneceremos delante de Dios, testificando a otros de Jesús con nuestra manera de vivir y seguramente encontrando sentido a nuestra vida dentro del cuerpo.

Muchas personas se preguntan cómo accionar su fe, como vivirla y le parece difícil entrar en ese mundo espiritual del cual Jesús habló tanto para poder tener sanidad, salvación, bienestar y bendición, queremos tener una fórmula para entrar y caminar en ella y produzca toda clase de fruto en nuestras vidas, pero en realidad la biblia enseña que "la fe obra por el amor" (Gálatas 5:6b) me gustaría que leerla en la versión nueva traducción viviente.

Sin embargo, los que vivimos por el espíritu esperamos con anhelo recibir por la fe la justicia que Dios nos ha prometido. Pues, una vez que depositamos nuestra fe en Cristo Jesús, de nada sirve estar o no circuncidado. LO IMPORTANTE ES LA FE QUE SE EXPRESA POR MEDIO DEL AMOR. Gálatas 5:5-6 NTV

Esta palabra nos enseña cómo recibir un fruto en la fe, y permítame llevarlo por un recorrido que estoy segura el Espíritu Santo hablará a su vida y traerá luz en medio de las tinieblas. Con el caminar en Cristo a través de todos estos años, he aprendido que, aun siendo creyentes, guardamos una vida para nosotros y exponemos ante los demás otra que está llena de religiosidad, orgullo, engaño, celos, contiendas, amargura y total descontento con quienes somos y con las personas que nos rodean, eso incluye matrimonio, hijos, padres, familias, compañeros de trabajo y amigos.

El engaño más grande de un creyente es creer que puede vivir así por el resto de la existencia y nadie lo va a notar ni lo van a saber, pero permítame traer una palabra que, en un momento determinado, trajo luz y claridad a mi corazón, descubriendo que caminar en espíritu, es caminar en amor y eso no se trata solamente de asistir a la iglesia todos los domingos o los sábados o el día que usted se congrega, sino que va más allá de lo que se puede ver.

Pero si no cumplen su palabra, entonces habrán pecado contra el Señor y estén seguros de que su pecado los alcanzara. Números 32:23 NTV

La mayoría de las veces como creyentes creemos que por ser cristianos podemos hacer, decir y actuar como queramos y que nada va a pasar, y la razón es que nos sostenemos en que Dios nos guarda, por esta razón prometemos y no cumplimos, hablamos y no nos medimos en lo que decimos, pensamos que con hablar bonito de la palabra y del evangelio y que la gente nos apruebe es suficiente, pero Dios quiere que entendamos que el conoce todo nuestro ser y que de cada cosa que hagamos aun en lo oculto daremos cuentas, y lo mejor de todo es que el mismo Señor nos aconseja que estemos a cuentas con él en estos asuntos, traerlos delante de él y exponerlos implorando su perdón y su ayuda para apartarnos de ellos es el primer paso hacia una vida en el espíritu, teniendo la seguridad que estamos caminando en la luz con el Espíritu Santo y que podemos acercarnos al trono de la gracia para el oportuno socorro.

Por el contrario, el no exponer nuestra vida interna delante de Dios es caminar a oscuras sin ver todo lo que se entreteje alrededor nuestro, pero eso si tenga la seguridad que esa misma vida secreta no reconocida es pecado y en algún momento termina exponiéndonos públicamente y alcanzando y afectando diferentes áreas en nosotros (matrimonio, finanzas, salud, paz interior y lo más triste puede llegar a alcanzar nuestra generación) y es por eso por lo que en ocasiones nos encontramos caminando sin victoria en alguna de esas áreas en nuestras vidas.

La buena noticia es que la palabra de Dios nos enseña que "el amor cubre multitud de pecados." Claro es aquí donde debemos aprender lo que las escrituras enseñan acerca de cómo amar de la manera como Jesús nos amó.

LA FE OBRA POR EL AMOR.

Porque en Cristo Jesús ni la circuncisión vale algo, ni la incircuncisión, sino la fe que obra por el amor. Gálatas 5:6

Para muchas personas la fe es algo invisible y sin sonido, nos han familiarizado tanto de una manera falsa con lo espiritual, que sin darnos cuenta caemos en conceptos lejos de las escrituras que, aunque son adoptados por la mayoría de la iglesia no tienen ningún peso a la hora de enfrentarnos con lo real de nuestras vidas. Pues, aunque sabemos que podemos creer aun sin ver, en ningún momento la fe deja de ser hechos manifiestos físicamente en nuestra manera de vivir por amor a Dios y a los que nos rodean.

Por ejemplo, la Biblia establece que Abraham le creyó a Dios cuando fue a sacrificar a su hijo Isaac en el altar (hecho manifiesto) la fe que obra por el amor viene en forma de obediencia a los mandatos de Dios, si nuestra fe no se sujeta a lo establecido por Dios, entonces es una fe muerta. (Santiago 2;26) es por eso por lo que muchas veces nos preguntamos, el por qué a pesar de nuestra oración y esfuerzo, las cosas no parecen moverse de donde están.

Las obras de la fe son manifiestas en cada una de las relaciones establecidas por Dios al hombre, tales como: el amor a Dios, el amor al prójimo, el amor a nuestros hermanos, el amor a nuestros hijos, a nuestros padres, a nuestros enemigos inclusive a nuestros jefes, y no obedecer el mandato que direcciona esa relación, hace nuestra fe infructuosa, por muchas palabras bonitas que digamos, Dios establece el vínculo del amor en cada relación a través de acciones manifiestas sujetas a la obediencia.

EL AMOR HACIA NUESTROS HIJOS.

Todos sabemos que no hay amor tan grande como aquel que experimentamos por nuestros hijos y es nuestro mismo Dios quien respalda esta afirmación al amarnos tanto que entregó a su único hijo por nosotros en la cruz del calvario. Nosotros como padres siempre estamos declarando palabras de fe sobre ellos, oramos por ellos lo cual es importante y muy bueno ya que el mismo Dios declara palabra de vida sobre nosotros y nos promete cumplir cada una de sus promesas.

Ahora lo que me gustaría tratar en este tema es la manera como Dios nos ama y manda que amemos a nuestros hijos, y es que desafortunadamente la sociedad y el sistema han querido implantar en los padres un amor por los hijos que están lejos del amor hacia ellos establecido por Dios en las escrituras, escuche esto: PADRE QUE AMA A SU HIJO LO DISCIPLINA.

Quienes no emplean la vara de disciplina odian a sus hijos. Los que en verdad aman a sus hijos se preocupan lo suficiente para disciplinarlos. Proverbios 13:24 NTV

Que verdad tan extraordinaria, no hay otra manera de amar a nuestros hijos, la única es a través de la disciplina, debe renovar nuestra mente si en verdad queremos tener hijos con obedientes y

con temor de Dios.
No los amamos alabándolos, abrazándose o besándolos, y no es que esto sea malo, ni siquiera los amamos supliéndoles, porque este es un deber de los padres, mucho menos los amamos dándoles todo lo que quieren por el simple hecho de acomodarnos a una sociedad de consumo, ¡escuche! La disciplina no es un sentimiento es una decisión por convicción y es la única manera de amar a nuestros hijos según lo que la palabra de Dios dice, obviamente a ellos no les va a gustar y con seguridad no van a estar contentos, pero después del tiempo vamos a ver el fruto que proviene de ella, ¿quién lo dice? La Biblia.
Ninguna disciplina resulta agradable a la hora de recibirla. Al contrario ¡es doloroso! Pero después, produce la apacible cosecha de una vida recta para los que han sido entrenados por ella. Hebreos 12:11 NTV

Créame cuando le digo que me ha dolido despertar a muchas verdades acerca del amor, porque cuando te das cuenta que la única razón por las que la has pasado mal es por no hacer las cosas como Dios dice que deben ser, nos produce mucho dolor y sufrimiento , pero es un sufrimiento ocasionado por Dios ya que viene por la revelación de su palabra y este dolor siempre viene acompañado de arrepentimiento, y el siguiente paso es dar un giro de 180 grados, corregir y esperar en la misericordia de Dios, debe entender que cuando oramos y estudiamos la palabra, va a venir luz a nuestras vidas, acompañado de un dolor por haber fallado en lo establecido por él y a su vez arrepentimiento y cambio de vida eso es lo que las escrituras me enseñan. 2da Corintios 7:10

Debemos volver a la disciplina según la palabra de Dios, la cual dice que el que la recibe va a tener como resultado una vida recta, acompañada de sus frutos. Esto es lo que sucede con hijos que son disciplinados, sé que muchas veces tememos en convertirnos en casi sus enemigos y no queremos que se alejen de nosotros, pero déjeme decirle algo: si no caminamos por fe, creyendo lo que Dios dice en las escrituras, lo más probable es que terminemos perdiéndolos, debemos confiar en lo que Dios dice y creer con todo el corazón que la disciplina les traerá una buena vida, se llama vivir por fe mi querido amigo.

¿CÓMO DISCIPLINARLOS?

De la manera como está establecido en las escrituras, el inconveniente más grande es que desconocemos lo que Dios dice y esto pasa porque no leemos la palabra de Dios, y queremos hacerlo bajo nuestro escaso conocimiento o como el mundo o el sistema nos quiere enseñar, vamos a estudiarlo.

Padres, no hagan enojar a sus hijos con la forma en que los tratan. Más bien críalos con la disciplina e instrucción que proviene del Señor. Efesios 6:4

Primero quiero decirles que es muy importante instruir a nuestros hijos y debemos tener claro que hay diferencia entre instruir y disciplinar, eso es lo que aprendemos en esta escritura, cuando somos instruidos recibimos herramientas para trabajar en nuestras vidas, y en nuestras decisiones, lo ideal sería que todos recibiéramos la instrucción de Dios desde niños e igual nuestros hijos. (Proverbios 22:6) pero sabemos que por la desobediencia del ser humano no todos nacemos en hogares donde la palabra de Dios sea la base de formación, ahora si usted está leyendo este libro y es cristiano pues debe saber que una base firme es la lectura de la palabra en sus casas con sus hijos y si no es creyente, estoy segura de que Dios lo está guiando a empezar a caminar de la mano de él porque lo ama a usted y a su generación. Es importante que ellos conozcan la instrucción, que proviene de los mandatos de Dios a los cuales hay que sujetarse para vivir en armonía, los padres debemos establecer reglas de acuerdo con el carácter de Dios que nuestros hijos deben conocer y obedecer y también debemos informarles las consecuencias de romperlas la cual se llama disciplina. Es curiosos que Dios nos da una temporada para instruir y es cuando se está todavía muy jóvenes o son niños, debe ser por la capacidad de captar que tenemos a esa edad, pero no estima una temporada para la disciplina, siempre usa la palabra hijo cuando se trata de ella, y nos lo afirma en la palabra.

Disciplina a tus hijos mientras haya esperanza; de lo contrario, arruinarán sus vidas. Proverbios 19:18

¡Escuche! mientras estemos vivos aún hay esperanza, el fundamento es el mismo, si nuestros hijos viven bajo nuestro techo, no interesa la edad que tengan, ellos aún no son la esposa o el esposo de alguien lo cual es un nuevo pacto que se empieza a regir por reglas también establecidas por Dios, pero mientras vivamos juntos aún es tiempo.

Hablo a aquellos padres que creen que ya es tarde, créame que no lo es, la Biblia me dice que Dios nos ama en todo tiempo y nos disciplina y lo seguirá haciendo hasta que vayamos a su presencia.

No debemos permitir que ellos se salten los parámetros establecidos en el hogar y menos si al romperlos ofenden o deshonran a Dios, porque como le dije antes muchas veces nuestros temores y nuestro humanismo no llevan a cometer errores que terminan por lastimar la vida de nuestros hijos.

Tampoco demos lugar a que ellos desprecien la corrección, pues esto acarrea vergüenza sobre sus vidas. (Proverbios 13:18)

Estoy segura de que usted anhela que yo sea más específica, y quiero brindarle el testimonio de mi propia casa esperando sirva de ayuda a la situación que está pasando, creo que muy pocos líderes espirituales cuentan sus testimonios reales por miedo a que las personas dejen de creer en ellos, pero estoy convencida que en este largo caminar con cristo, seguramente nos vamos a encontrar con nuestros errores los cuales Dios también usará para transformarnos.

Cuando Dios nos trae a vivir a esta nación nuestras vidas se vieron muy afectadas de muchas maneras, y una de esas fue que experimentamos la necesidad de proteger a nuestras hijas de muchas situaciones que para nosotros eran nuevas, y pareciera como si fuéramos obligados a cambiar nuestra manera de hacerlo, olvidando por un instante lo que la Biblia dice, la obediencia nos trae protección, pero en ese momento empezamos a tratar de protegerlas para que ellas no se sintieran mal, que estuvieran contentas, que disfrutaran y cosas semejantes, y parece que se nos olvidó que habíamos cambiado de nación pero Dios seguía siendo el mismo y que nos había traído acá para seguir transformando nuestro corazón.

Menciono esto porque hablamos de cómo amar a nuestros hijos y estamos claros que lo hacemos a través de la disciplina y esta nunca debe parar, y creo que por un momento la perdimos de vista y. empezamos a tomar decisiones pensando en cómo ellas se sentirían mejor, el solo hecho de pensar en la razón por la cual decidimos cada cosa ya era un error y reconozco que veo que esto contribuyó a que una de nuestras hijas pensara que podía ejercer esa presión para obtener lo que quería, obviamente esto no se vio de una vez, si no que parece que lo volvimos costumbre y con el tiempo nos dimos cuenta que nos estaba pidiendo esta vida y la otra, también vimos que empezó a tener quebrantos de salud física, cuando decidimos hacer lo correcto ella lo aceptaba pero le dolía el estómago, o la cabeza y tenía manifestaciones físicas como si hubiese adquirido un virus, algunas de esas ocasiones fuimos al médico, le hacían exámenes y todos normales, los doctores reconocían la salud de nuestra hija gracias a Dios, entonces el Señor me llevó a orar por esa situación y a medida que lo hacía me dejaba ver que estaba falta de disciplina y que estamos pasando por alto algunos parámetro establecidos en la vida de nuestra hija, ella es una gran mujer gracias a Dios pero debo reconocer que hubo un tiempo donde fui redargüida a corregir y tomar decisiones que a ella la tomaron por sorpresa pero fueron necesarias para corregir el hecho que estuviera escogiendo adaptarse a un sistema que en la mayoría de las cosas va en contra de los mandatos divinos.

No podemos movernos por lo que sentimos por nuestros hijos, debemos tomar decisiones siempre regidos por lo que Dios nos dice y nos da en ese momento; para empezar, esas decisiones eran muy costosas para nosotros, estábamos iniciando en una nación de ceros, esto nos costó todos nuestros ahorros y lo más difícil de aceptar y tolerar es que ellas se quisieran acomodar al sistema.

No ama a su hijo cuando piensa en lo más fácil para ellos, el amor no tiene que ver con consentimientos emocionales, ni momentos de abrazos y besos, el único camino que la Biblia muestra para amarlos es la DISCIPLINA.

¿Qué es la disciplina? indiscutiblemente no son gritos, heridas y enojos, la disciplina hacia ellos nos lleva a firmeza de carácter en los principios escriturales, formarlos en nuestros hijos a través de nuestra obediencia a Dios, no podemos pedirles algo en lo que no estamos caminando y es aquí donde una vida en el amor de Dios nos ayuda a establecer límites para ellos, debemos confiar en que, si hacemos lo que Dios dice con nuestros hijos, los resultados van a ser correctos.

Cuando un padre decide evadir la vida espiritual en sí mismo y tratar de que su generación le obedezca es cuando las consejerías en la iglesia se multiplican y las llamadas por auxilio no cesan, porque no caminar en lo establecido por Dios nos lleva a delegar toda responsabilidad espiritual en otros.

Si no disciplina a su hijo lo está aborreciendo y lo está preparando para un futuro no muy prometedor y lleno de mucho dolor y sufrimiento, porque ellos no siempre van a estar con nosotros, un día se van a ir de casa ya sea a llevar una vida independiente o porque se casan y van a formar su propia familia y seguramente donde vayan van a llevar sus errores no corregidos por los padres, ocasionando así más familias y relaciones destruidas, todo por falta del verdadero amor hacia los ellos.

También es de entender que queramos guardarlos del mundo y su amenaza latente, pero es algo que no podemos hacer en nuestras destrezas y habilidades, lo que podemos hacer es prepararlos para cuando estén fuera tengan fundamentos sólidos para tomar decisiones correctas.

¿Cómo sabemos que están preparados? No lo sabemos, ni es nuestro trabajo saberlo, lo que nos corresponde es guiarlos en instrucción y disciplina para vivir confiados, Dios hará su parte con ellos, recuerde que son hijos de Dios y sin excepción todos somos formados por él.

De ahí en adelante nuestro consejo debe estar disponible y la oración por ellos deberá ser una constante en nuestra vida, y la exhortación debe convertirse en nuestra herramienta más disponible, aun si ya están casados y tienen vidas realizadas, entandamos que como padres nuestro trabajo nunca termina, y si nuestros hijos aún mayores toman decisiones equivocadas o

caminan en contra de lo establecido por Dios, deben ser exhortados en la palabra, con contundencia y claridad, si vemos que ellos están actuando en desobediencia a Dios.
Algo que me parece increíble en el liderazgo cristiano es que somos fuertes para exhortar a la iglesia y sabemos que en la congregación van personas jóvenes y también ancianas, y creemos que podemos llamarlos a orden pero cuando se trata de nuestros hijos que están casados, pensamos y asumimos que estamos fuera de tiempo, No mi querido amigo, sé que en esta estancia nos exponemos a que nos dejen de hablar y aun nos dejen de visitar, pero créame siempre vale la pena obedecer a Dios, lo más seguro es que con el tiempo ellos reaccionen y reconozcan su error, siempre y cuando como padres permanezcamos firmes en la fe.
Cabe anotar que los errores que más traen dolor a nosotros son aquellos donde nuestros hijos fueron afectados, pero aparte de arrepentirnos pedirle perdón a Dios, corregir, darle la espalda al pecado y esperar en su misericordia no queda más por hacer, porque no es sano sumergirnos en culpas que ya fueron pagadas y que seguramente no le ayuda ni a usted ni a su generación.

Definitivamente la fe obra en nuestras vidas cuando caminamos en amor y esto significa caminar en obediencia a los mandatos de Dios, muchos de los temores infundados en lo padres con los hijos vienen de saber que no hicieron lo debido en su tiempo y que el carácter de ellos es débil en cuanto a la relación con Dios y su palabra, no importa cuán bonito usted hable de ellos, sino disciplinó con firmeza la verdad en sus vidas y no testificó el amor de Jesús con ellos, lo más probable es que su corazón esté pendiente de cómo resolver cualquier situación que a ellos se les presente, y como sacarlos de problemas cada que vivan uno, porque su fe para creer que Dios está en control de sus vidas está diluida en sus desaciertos.

Lo invito a que en esta estancia busque de todo corazón al señor, pídale que le muestre aquellas cosas que ocasionaron que hoy sus hijos no estén llevando una vida de victoria en Cristo, le aseguro que Dios lo guiara a arrepentirse, corregir en la medida que Dios le permita hacerlo, transite el camino de la obediencia y espere la misericordia de Dios sobre su vida, porque una cosa puedo decirle hoy; 'Dios es veraz"

Hay una historia en las escrituras que cautivo mi atención y es la de Adonías, tal vez este nombre es desconocido para usted, pero yo lo invito a que lo conozca a través de la Biblia, se trata de uno de los hijos del rey David quien tuvo la osadía de reclamar el trono y autoproclamarse Rey cuando David era muy anciano, (1ra de Reyes 1:5)

Esto aconteció a pesar de que el rey aún estaba vivo y si usted conoce la historia recordará que el sucesor al trono sería Salomón el hijo del rey David con Betsabé, no obstante, a Adonías le pareció que estaría bien ganarse a algunos sacerdotes, pasando por encima de la autoridad de su padre, quienes le ayudaron y le apoyaron en todo el proceso de usurpación y desobediencia versículo 7

Muchas veces creemos que nuestros hijos tienen cierto comportamiento que son aislados a la manera como los hemos educado o disciplinado, pero en realidad, como padres siempre estamos aprendiendo que hay ciertos baches en la manera de guiarlos, que en algún momento van a salir en su carácter y tenemos que estar atentos a enmendar con Dios y con ellos mismos, sin embargo en esta historia que trajo dolor y preocupación tuvo mucho que ver la manera como el rey puso en ejercicio su autoridad sobre él. Leamos:

Ahora bien, su padre el rey David, jamás lo había disciplinado, ni siquiera le preguntaba. ¿Por qué haces esto o aquello? Adonías había nacido después de Absalón y era muy apuesto. Ira Reyes 1:6

¡Qué desatino! pido a Dios se nos sea revelado de una manera clara las escrituras a nuestras vidas, no importa cuánto prestigio, comodidad financiera, puestos de liderazgo fuera o dentro de la iglesia, profesión o currículum oficial, si no disciplinamos a nuestra generación conforme a las escrituras, estaremos enfrentando el dolor del desamor, el no amarlos conforme Dios nos enseña, trae dolor y cuando llega el AMOR de Dios toca nuestro corazón es muy doloroso darnos cuenta que no solo le hemos fallado a nuestros hijos, sino también a él. Adonías tenía problemas de carácter muy arraigados y aunque logró guardar su vida a través de aferrarse a una enmienda, solo lo hizo para perderla no mucho tiempo después a manos del nuevo rey de Israel, Salomón su hermano.

Cuando ponemos a nuestros hijos por encima de la disciplina y los mandatos de Dios, la vida se nos hace cuadritos al momento de afrontar las consecuencias, el amor por ellos proviene de lo alto, de la manera como Dios nos ama y es necesario amarrar las emociones, sometemos al espíritu y tomar la decisión de corregir aun en medio del llanto e inclusive el sufrimiento tanto de ellos como de nosotros.

Mis hijas siempre han tenido un vínculo especial con Fernando, ellos siempre han sido muy unidos, y hay mucha confianza entre padre e hijas, también han logrado establecer parámetros de respeto que hace que el amor entre ellos crezca y se fortalezca, sin embargo como dije unas líneas atrás cuando permitimos que queden baches sin arreglar, esto en algún momento se verá, y recuerdo una ocasión durante una conversación una de ellas le

habló de una manera descortés a Fer, y decidí en mi sabiduría humana que era un desliz y no dije nada, a la semana siguiente mientras compartimos un juego de mesa, ella en su emoción uso una palabra para referirse a él durante el juego y pensé que era algo del furor del momento.
Pero créame, debemos amarlos mucho para tomar la decisión correcta y fui guiada por el Espíritu Santo quien me recordó la escritura, luego fui a su habitación y hablé con ella a solas, le hice la exhortación la discipline al respecto y que cree que pasó; ella se quebrantó tratando de excusar su conducta, en ese momento mis sentimientos de madre afloraron y pensé. ¿Será que la estoy hiriendo? y si después de esto se pone muy triste y ya no va a reír igual, o si de pronto toma represalias como dejarme de hablar o no confiar más en mí, en ese momento tomé la fuerza del espíritu y le hablé a mi mente y corazón les dije NO, no puedo ni debo pasar por alto lo que Dios dice, y ella pasó los límites por tanto debe ser exhortada y disciplinada, le dije la verdad, que lo estaba haciendo, porque esa era mi manera de amarla ya que lo que estaba haciendo estaba fuera de los mandatos de Dios y las consecuencias eran muy costosas, recuerdo que después de eso la deje en su habitación sola, y me fui a la mía a orar, le dije a Dios que me perdonara por no haberlo hecho desde la primera vez, que necesitaba ver su misericordia sobre esa situación, que por favor me ayudara a permanecer firme, y la razón es, que no quería que mi hija viniera a decirme que lo sentía, NO, lo que esperamos después de esto es que experimenten la revelación del haber pecado contra Dios y se arrepientan de corazón, queremos que sus vidas estén en línea con la manera de Dios hacer las cosas y no que se convierta en un juego para repetir y sostenerlo en excusas y disculpas humanas, lo que buscamos es que el Espíritu Santo irrumpa en sus vidas y los convenza de pecado de justicia y

de juicio, y que superen cada grieta de carácter a través de la disciplina que no es otra cosa que el amor de Dios por ellos y para nosotros como hijos suyos.

Efectivamente mi hija habló conmigo y sus palabras fueron las siguientes;

Mami yo me equivoqué, cometí un error y pequé contra Dios, en verdad me duele mucho todo esto, perdóname. Son las palabras que queremos escuchar de ellos, y no son más que las mismas palabras que Dios quiere escuchar de nosotros sus hijos cuando pecamos, no tema perderlos, por disciplinarlos, el temor debe ser hacia Dios, romper sus estándares trae pérdidas siempre, no obedecer es sumamente doloroso, y creo que es una gran medida por saber cómo amar a nuestros hijos.

Los rincones de oscuridad aparecen desde la crianza muy temprana de nuestros hijos, si no ejercemos el mandato de Dios en ellos cuando están niños, no lo haremos cuando estén adultos, tengo la convicción que un padre siempre podrá caminar en amor a través de la disciplina con sus hijos sin importar la edad alcanzada, lo creo porque Dios lo hace así con nosotros, nunca deja de llamarnos a cuentas y siempre está disponible la misericordia sin importar nuestra edad, con dolor le puedo decir de padres que se quedaron solos a pesar de intentar retener a sus hijos a través de no diciplinarlos para que no se fueran de casa, experimentaban miedo a perderlos físicamente sin darse cuenta que estaban perdiendo el legado de Dios de formar una generación para él, a través de los estándares de su amor.

Cuando un padre esconde o encubre los pecados de sus hijos los está perdiendo y no los está amando, simplemente sigue sentimientos de miedo en su corazón, si bien nosotros no estamos aquí para juzgarlos, tampoco podemos justificarlos, lo único que estamos llamados a ser es diciplinarlos, no se preocupe si su hijo

ya adulto le deja de hablar por haberlo exhortado según la escritura, si se aleja de usted porque no quiere ser confrontado, permítase confiar en Dios caminando en amor y manteniéndose firme en la luz de la palabra, en algún momento su obediencia también los alcanzara y serán redargüidos por el Espíritu Santo , volviendo a usted en una actitud santa y de amor verdadero.
En ocasiones pensamos solo en lo mal que ellos se comportan y cuando lo hacemos la culpa toca nuestra puerta y trata de mantenernos ocupados sintiéndonos terrible por la manera en que los criamos, y empezamos a orar por ellos para que cambien, y he visto mucha frustración en la iglesia de padres que llevan años orando por sus hijos y no pasa nada, algunos de ellos han perdido toda esperanza creyendo que Dios ya no está interesado en ese asunto. La realidad es que no es así, podemos desgastarnos orando para que ellos reaccionen y caminen con el Señor, pero los primeros que debemos volver a los mandatos somos los padres, reconociendo que hemos fallado, enderezar lo que esté a nuestro alcance, apartarnos del mal, exponernos delante de Dios con nuestros errores y clamar misericordia sobre nuestras vidas y nuestra descendencia.

Apártate del mal, y haz el bien. Y vivirás para siempre. Porque Jehová ama la rectitud. Y no desamparara a sus santos. Para siempre serán guardados; Mas la DESCENDENCIA de los impíos será destruida. Salmo 37:27-28 RV 1960

No trato de traer juicio a su vida, no soy nadie para hacerlo, pero si quiero traer temor de Dios en su corazón, y decirle que no hay una manera más segura de amar a nuestros hijos, que como padres vivamos bajo los estándares establecidos por Dios cuando lo hacemos obtenemos autoridad para disciplinar, corregir e instruir nuestra generación, caminar en la justicia y el temor de Dios, nos garantiza bendición generacional.

Bienaventurado el hombre que teme a Jehová, y en sus mandamientos se deleita en gran manera.
Su decendencia será poderosa en la tierra; la generación de los rectos será bendita. Salmo 112:1-2

La otra parte que debemos entender es que no ejercer el mandato de disciplina sobre ellos, prácticamente nos estamos revelando contra un mandato divino, le estamos diciendo a Dios que su manera de amar no es correcta ni funciona, en esa medida preferimos nuestros estándares de amar a nuestros hijos, y claro todos como padres cuando nuestros hijos están pequeños creemos tener el control sobre ellos para siempre, pero no es así, ellos van a crecer y un día en nuestra humanidad no podemos dirigirlos y experimentamos que se salen de control; lo único que nos garantiza que todo va a salir bien con ellos es una crianza en AMOR y amonestación del Señor a través de la disciplina.
La vigilancia sobre el amor hacia nuestros hijos debe ser de manera continua ya que es muy fácil involucrar nuestros sentimientos en cualquier decisión que tomemos.
Sabemos que antes que lleguen las dificultades de la juventud o del hijo adulto han tenido toda una niñez a nuestro lado, y este es un tiempo maravilloso para enseñarles a obedecer y también de formar su carácter, con dolor debo admitir que padres dentro de la vida cristiana, buscan personas de afuera par que les diga como criar a sus hijos, la razón de esto es que se les dificulta creer la manera que Dios tiene para hacerlo.

La vara y la corrección dan sabiduría; más el muchacho consentido avergonzara a su madre Proverbios 29:15

Quiere mi consejo en que hacer si su niño no se comporta y le hace actos de rebeldía donde quiera van, y cuando usted habla no obedece, por favor, tome una vara, bájele los pantalones y péguele, no importa si alguien más le dice que hable con él, que le diga que no puede hacer eso, que lo mire de frente y se comunique con él. NO, eso no lo va a ayudar, debe castigarlo con vara, porque de ambas cosas va a tener que asumir los resultados, si disciplina a la manera de Dios va a tener resultados y si no lo hace también, pero créame los últimos no le van a gustar y seguramente le van a acarrear mucho dolor.

No negocie con sus niños el castigo, usted es el padre debe diciplinarlo como Dios dijo.

No rehúses a corregir al muchacho; porque si lo castigas con vara, no morirá. Lo castigaras con vara y libraras su alma del Seol. Proverbios 23:13-14

De esta manera lo ama y lo prepara para un camino lleno de satisfacción tanto para el como para usted.

EL AMOR HACIA EL CÓNYUGE.

Hace poco hablé con una joven que lleva relativamente poco tiempo de casada, estaba muy desalentada a causa de los conflictos matrimoniales que estaba atravesando, la estuve escuchando por largo rato y después de conocer la problemática le aconsejé de acuerdo con la escritura lo cual le dio paz y luz acerca de lo que debía hacer, lo curiosos de todo esto es que cuando terminamos de hablar ella se dirigió a mí y me dijo lo siguiente:

"De todas maneras quiero contarte algo, y es que a pesar de todas estas dificultades dentro de mi matrimonio debo reconocer que mi esposo es un buen hombre".
Esto me llevó a meditar en el Señor, si esta chica reconoció que su esposo era una buena persona, entonces; ¿por qué no se sentía amada? Que es eso que le hacía falta para creer que es amada y a pesar de que él le habla bien, le compra detalles es muy trabajador y esforzado, no logra llenar la medida que ella esperaba para sentirse amada, al final me di cuenta de que cada cónyuge esposo o esposa, tenemos expectativas muy diferentes acerca del amor entre pareja que están lejos de lo establecido por Dios en su palabra.
He comprendido que ser buenas personas no nos garantiza un matrimonio en victoria, ya que el amor entre esposos va mucho más allá de chocolates, flores, címbalos y matracas.

Para los maridos, eso significa: ame cada uno a su esposa tal como Cristo amó a la iglesia. Él entregó su vida por ella a fin de hacerla santa y limpia al lavarla mediante la purificación de la palabra de Dios. Lo hizo para presentársela a sí mismo como una iglesia gloriosa, sin mancha ni arruga ni ningún otro defecto. Será, en cambio, santa e intachable.
De la misma manera, el marido debe amar a su esposa como a su propio cuerpo. Pues un hombre que ama a su esposa en realidad demuestra que se ama así. Nadie odia a su propio cuerpo, sino que lo alimenta y lo cuida tal como Cristo lo hace por la iglesia. Efesios 6:25-29
En verdad pueden pasar muchas flores y chocolates frente a nosotras, pero si no somos amadas Bíblicamente por nuestros esposos, siempre experimentamos que no somos valoradas, y el descontento se apodera de los corazones ocasionando

distanciamientos, rupturas y algunas veces hasta desastres en un matrimonio. vuelvo y aclaro que no tengo nada en contra de los detalles físicos, me parece que son momentos donde se demuestra gratitud y consideración al ser amado, pero créame no es el fundamento del amor de un esposo hacia su esposa, esa base solo la sostiene la sujeción y la obediencia a Cristo.

Por otro lado un esposo necesita y quiere a una mujer temerosa de Dios que lo respete y se sujete a él de la misma manera que la iglesia a Cristo, que tenga pleno conocimiento y obediencia de quien es la cabeza y autoridad establecida por Dios dentro del hogar, ellos experimentaran pleno amor por una mujer que es sumisa y cuando ve algo fuera de lugar, va delante de Dios lo expone y espera ser librada por su creador, ellas podrán ser esto cuando reciben revelación espiritual de lo que Cristo hizo en la cruz, mientras tanto será simplemente una buena mujer.
Como dije en un capítulo anterior, en este tiempo doy gracias a Dios por la vida de Fer, quien a pesar de mi carácter y temperamento tuvo la paciencia para lidiar conmigo durante la inmadurez espiritual, creo que se necesita dominio propio para soportar a alguien que es inconforme en todo tiempo.
Lo que si les puedo decir es que debo agradecer a Dios su misericordia sobre mi vida.

Para las esposas eso significa, sométase cada una a su marido como al señor. Porque el marido es la cabeza de su esposa como Cristo es la cabeza de la iglesia. Él es el salvador de su cuerpo, que es la iglesia. así como la iglesia se somete a Cristo, de igual manera la esposa debe someterse en todo a su marido. Efesios 6:22-24

Usted me dirá, todo eso se escucha muy bonito, pero no se ve en la realidad.
Debemos saber que el matrimonio es formado por dos personas que vienen de familias diferentes donde pudieron ser o no disciplinados y formados a la manera de Dios, o con parámetros Bíblicos, es ahí donde empezamos a tener una desventaja en conocimiento y donde siempre recomiendo a la personas que llegan solas a la vida en Cristo y quieren casarse, no tomar una decisión de ninguna índole hasta no haber buscado la dirección de Dios en el secreto y aprender a escuchar y reconocer la manera como él trabaja en nuestro beneficio.
Ahora, no todos llegan solteros a Jesús, hay muchas parejas que empiezan una vida en Cristo cuando ya llevan algún tiempo caminando juntos e incluso algunos llevan muchos años de casados, sea cual fuere la situación los fundamentos de la escritura para los cónyuges son los mismos, lo que difiere es los problemas que ya han atravesado algunos matrimonios.
También es importante decir que aunque algunos nos casamos dentro del cristianismo no es esto lo que garantiza un matrimonio sólido y en bendición, en realidad lo que afirma un hogar es el conocimiento y la sujeción que cada cónyuge tiene a lo establecido por Dios para cada uno en su palabra, pues nadie se casa con una persona perfecta, pero, sí es importante ser guiados por Dios para tomar la decisión correcta en el tiempo establecido con el conocimiento de lo que Jesús quiere de nosotros dentro de esa relación.
Fer y yo nos casamos en el año de 1999 en el cristianismo, pero nos conocimos antes de recibir al Señor Jesús en nuestras vidas, nos casamos después de tres años de estar sirviendo en una iglesia de gran crecimiento en Colombia y nuestra boda fue aprobada por nuestros padres de sangre y nuestros pastores, sin

embargo, debo reconocer que durante ese tiempo de servicio y de liderazgo crecimos mucho ministerialmente pero poco en el conocimiento de Jesús como pareja.

Traigo esto a colación porque estoy completamente convencida que hacer una oración no te da un nuevo nacimiento, creo lo que las escrituras dicen, nadie sabe el momento en qué esto ocurre, sino que se evidencia a través de nuestro caminar diario y sólo si morimos a nosotros mismos podemos nacer a esa nueva vida de un fruto apacible que produce el espíritu Santo en nosotros por la palabra de Dios. (Juan 12:24-25)

Nuestro hogar ha sido de mucha bendición para ambos, tenemos dos hijas maravillosas y si hoy seguimos cultivando la llama del amor es a causa de la bondad de Dios conmigo, pues durante muchos años estuve muy equivocada en lo que corresponde ser una idónea para mi esposo.

Sí, ya sé, otros escritores cristianos escribirían maravillas de su matrimonio y lo espirituales que han sido, pero de corazón quiero ayudar a aquellas mujeres que están dispuestas a sufrir un giro de 180 grados con tal de redireccionar su vida, su hogar y su generación. Comprendo si se está sintiendo poco apreciada, no estimulada a veces cansada y seguramente todo esto la ha llevado a experimentar un desaliento conyugal que provoca discordias, dudas y distanciamiento.

Durante un tiempo luche con quejas y reclamos que por más que insistí no logre ningún avance ni cambio que trajera un refrigerio a mi alma como esposa y siempre pensé que el responsable de todo esto era Fer y su manera de hacer las cosas, pero en realidad desperté a una verdad que solo el Espíritu Santo puede traer convicción del corazón y siempre lo va a hacer confirmando la palabra de Dios.

Claro, usted debe estar preguntando. ¿cómo hacer que mi esposo cambie?
Definitivamente no le puedo decir que hacer, PERO, si le puedo instruir en cómo hacer para saber qué hacer. Se que es un poco confuso, pero lo entenderemos.
Escuche, los consejeros cristianos, los pastores, maestros y demás no pueden decirle qué hacer para que su matrimonio tome el camino correcto, pero si le pueden instruir en cómo hacer para que usted sepa qué es lo que necesita su matrimonio en realidad, y la razón es que cuando se trata de parejas ambos siempre creen tener la razón y esto ocurre por la misma razón y es que los hombres se han conformado con tener una buena mujer a su lado y las esposas se han resignado a tener un buen hombre con ellas, y caemos en el mismo problema de la mayoría de los creyentes en cualquier área de sus vidas se llama la ley del aguante.
Solo cuando nos determinamos a romper con esa condición espiritual en nuestras vidas, vamos a tener un despertar que revolucionará nuestra manera de pensar y ver nuestro matrimonio como una unión establecida por Dios que es guiada y dirigida por parámetros Bíblicos, y que cuando se rompen las leyes establecidas por Dios, vamos a experimentar dolor, soledad, descontento, aburrimiento, cansancio y falta de amor.
El desconocimiento de Jesús en nuestras vidas acarrea que no le demos la debida importancia a su palabra y nos perdamos en conceptos idealizados por la sociedad que en nada le aportan a la familia creyente.
Siempre tuve el hábito de leer la palabra de Dios todos los días, me gustaba y me llenaba la manera como aprender conceptos bíblicos y estaba segura de que era la manera de poder ayudar a otros y llevarlos al evangelio, sin darme cuenta de que este era solo el

comienzo de una larga experiencia en la que el mismo Dios se involucra para llevarnos a la madurez y el crecimiento espiritual.

Después de experimentar esa larga lista que le mencione arriba entre dolor y desamor, el Espíritu Santo produce el querer como hacer en mi vida según su buena voluntad, (Filipenses 2:13) y fue empezar a escudriñar la palabra buscando a Jesús, queriendo conocer su carácter, su esencia, su vida, su amor, su mansedumbre en otras palabras quería CONOCER esa persona que estuve leyendo durante muchos años, quería estar cara a cara con el autor y esto fue solo para experimentar el dolor de despertar que aunque era una buena cristiana (que es lo mismo que ser una buena mujer) lo que Dios quería de mí era que me sujetara con firmeza y obediencia a esa palabra que él me hablaba, con la plena convicción que Dios estaría a cargo de mi vida. Supe entonces que debía ser una esposa sujeta a Fernando como autoridad sobre mí, respetuosa en mi trato para con él, y lo más importante entendí que no podría hacerlo sola, pedí la ayuda de Dios, le implore en el nombre de Jesús que me ayudara a entender con sabiduría todo aquello que contrista al Espíritu Santo en mi vida, definitivamente quería la vida de Jesús en mí, quería con todo mi corazón conocerle más, mis conversaciones con Dios se volvieron más sinceras, le contaba cómo me sentía y también pedía perdón por todas las cosas que venían a mi corazón y que habían entrado a mi vida como pequeñas zorras queriendo establecerse como parte de mi carácter.
Cuando usted quiere agradar a Dios, no quiere dañar lo que él ama, definitivamente el hombre y la mujer fuimos creados con necesidades diferentes, pero con un mismo proveedor para esas necesidades, se llama Dios el padre, cuando descubrimos cuál amor nos ha dado el padre (1ra Juan 3:1) entendemos que nuestro

comportamiento y nuestra manera de vivir el mundo no la puede entender y muchos nos van a desaprobar y aun así decidimos caminar con Jesús, confiando que toda nuestra vida puede dar una giro de 180 grados como lo dije anteriormente.
Cuando esto ocurre, entonces lo que antes era importante para usted, dejó de serlo, y ahora hay cosas que cobran valor en su vida y quiere darles el lugar escritural en su corazón, las tinieblas van saliendo a medida que la luz va llegando, cobra sentido el comportamiento de nuestro cónyuge y también la razón por la cual yo había estado experimentado tantas emociones negativas.
Es en este punto donde nos damos cuenta de que no podemos experimentar plenitud como esposo o esposa, porque hemos estado viviendo lejos de lo establecido por Dios para nosotros y eso ha traído consecuencia en nuestros hogares.
¿Cómo hacer?
Dios debe convertirse en alguien personal para usted, ser uno con Jesús, así como él y el padre son uno, debe ser la única persona a la cual usted quiere agradar y no quiere ofender, en esa medida muy pronto nos damos cuenta de cuanta rebelión hemos adquirido contra Dios en el mandato que se nos demanda en nuestro matrimonio. Mujer no podemos experimentar ser amadas en medio de rebelarnos contra la autoridad establecida por Dios, porque resistirnos a ella es rebelarnos contra él, y si no amamos a nuestros esposos bíblicamente, vamos a experimentar descontento en nuestro hogar y lo más duro de esta situación, es que nuestras hijas mujeres cargaran con lo mismo a su hogar a menos que nos arrepintamos y demos el giro hacia la verdad.
Se que se nos es difícil sujetarnos en ciertas situaciones donde creemos que esa decisión que va a tomar el conyugue puede traer problemas a la familia, pero nada de eso ocurre si nos convertimos en esas esposas que no altercamos sino que cuando

vemos o experimentamos peligro en nuestro hogar, vamos delante de Dios y nos exponemos con él, créame, él nos cuida porque nos ama, y seguramente va a actuar en medio de esa situación por la que PERMANECEMOS orando hasta ver luz en medio de las tinieblas, las mujeres estamos llamadas a AMAR a nuestros esposos a través de la sujeción y el respeto, si esto falta en el hogar, enfrentaremos tiempos difíciles que irán ahondando en el corazón causando desaliento y rupturas.

Permaneced en mí, y yo en vosotros. Como el pámpano no puede llevar fruto por sí mismo, si no permanece en la vid, así tampoco vosotros, si no permanecéis en mí.
Yo soy la vid, vosotros los pámpanos; el que permanece en mí, y yo en él, éste lleva mucho fruto; porque separados de mí nada podéis hacer. Juan 15: 4-5

Haga lo que Dios le pida para recibir la instrucción sabia.
Como cristianos tenemos el hábito de ayunar y orar cuando necesitamos salir de algún problema, y muchas veces Dios nos direcciona a tener esos tiempos a solas con él, porque quiere aconsejarnos y darnos su guía, si su hogar es tan importante para usted, debe acudir a todas las armas espirituales que están en la Biblia, para así saber con certeza, qué es lo que está pasando y que debe hacer al respecto. La Biblia establece que el amor se aprende, si eso es así, entonces debemos aceptar que amar no consiste en lo que sentimos, sino en mandatos y directrices que al establecerse en nuestro carácter con obediencia y las pasamos a la siguiente generación entonces formaremos familias estables, libres y con propósito, como mujeres debemos adquirir el compromiso de adiestrar a las más jóvenes en el verbo de amar, para que pase como legado a nuestras hijas y a las hijas de ellas.

Las ancianas así mismo sean reverentes en su porte; no calumniadoras, no esclavas del vino, maestras del bien; que ENSEÑEN a las mujeres jóvenes a amar a sus maridos y a sus hijos, a ser prudentes, castas, cuidadosas de su casa, buenas, sujetas a sus maridos, para que la palabra de Dios no sea blasfemada. Tito 2:3-4

Estoy segura de que muchos hombres y mujeres están viviendo en su hogar la ley del aguante, pero hoy lo animo a que no tiene que ser así, busque a Jesús, quien seguramente mediante el Espíritu Santo le mostrará el camino que debe seguir, no permita que el mundo lo influya con sus conceptos y modernismos en el matrimonio, tampoco entre por la puerta ancha, porque donde quiera vaya, va a llevar lo que no ha sido renovado en su corazón. Dele la oportunidad a Jesús de entrar en su vida y matrimonio y le aseguro que aprenderá a amar con tanta libertad que querrá seguir atado a su cónyuge.

EL AMOR HACIA LOS PADRES.

Ahora: la fe no solo obra por el amor en el matrimonio sino en todas las áreas de nuestras vidas, por ejemplo, ¿un hijo que no ama a sus padres, Como podría caminar por fe? Y llegamos señores a un talón de Aquiles que indiscutiblemente casi toda la humanidad lo tiene, y creo nuevamente que es por desconocimiento o lo que llamamos conocimiento parcial que a la larga arroja los mismos resultados.
Desafortunadamente el tema del amor es algo que ha sido muy distorsionado por la sociedad, la verdad Bíblica ha dejado de prevalecer para establecer lo que la humanidad necesita comercializar y en ese sentido las tarjetas, serenatas, flores,

muñecos y demás (con lo que no tengo inconveniente, solo si es añadido a la manera correcta de amar) se han convertido en los grandes demostradores de amor pero así como en el matrimonio el amor a los padres no está establecido en nuestro mejor esfuerzo, miremos las escrituras.

Honra a tu padre y a tu madre. Entonces tendrás una vida larga y plena en la tierra que el señor tu Dios te da. Éxodo 20:12

Como mandamiento establecido por Dios, sabemos que quebrantarlo es una necedad, más aún cuando es el primer mandamiento con promesa, la cuestión es que está establecido en la palabra que la manera de amar a nuestros padres es con la honra y Bíblicamente es muy claro a que se refiere Dios con esto.

LA OBEDIENCIA

Hijos obedezcan a sus padres porque ustedes pertenecen al Señor, pues esto es lo correcto. Efesios 6:1-2.

Se que a nuestro parecer, cuando crecemos y nos hacemos adultos, nuestra mente empieza a considerar que ahora lo sabemos todo, y que nuestros padres están obsoletos en su manera de pensar, pero créame, así es como se ve, pero estamos lejos de la verdad, porque aunque ellos desconozcan muchas cosas ya sea por cultura o educación, siguen teniendo la sartén por el mango en cuanto a autoridad delegada por Dios, y si por permanencia en la palabra los escuchamos y valoramos su consejo, la misma escritura obrará a favor nuestro. Salomón lo dijo así.

Hijo mío, presta atención cuando tu padre te corrige; no descuides la instrucción de tu madre. Proverbios 1:8

Como mamá me puedo dar cuenta que jamás un padre aconseja esperando que su hijo se vaya por un desfiladero y aunque haya padres no temerosos de Dios, aún yo logro ver la bendición de Dios alcanzando a estos muchachos que con conocimiento o sin él, honran a sus padres y es que la Biblia dice que, aunque ellos fallen, Dios no nos dejará. (Salmo 27:10).

Los actos de obediencia no tienen que ver con lo que decimos, algunos hijos creen que sus sentimientos demuestran amor por los padres, y es que estamos en una sociedad que nos ha enseñado más la importancia de cuidar las emociones, que el cuidar de poner por obra lo que Dios nos ha dicho. las promesas de un hijo no brindan obediencia y sujeción a los padres, puesto que una promesa tiene valor dependiendo de quien venga, es por eso por lo que confiamos en las promesas de Dios, porque a pesar de que pasa el tiempo se ha demostrado que él es veraz en lo que dice, por tanto, nuestra obediencia a los padres tiene que ver con lo que hacemos, frente a alguna solicitud de parte de ellos y la sujeción a sus directrices.

Todo lo anterior tiene que ver con la formación de carácter como hijos de Dios, si somos seres humanos nacidos de nuevo, pues vamos a entender el gran mandamiento de honrar a los padres y todo lo que somos lo sujetamos a la palabra, el inconveniente es la apariencia de sumisión cuando con palabras y sentimientos expresamos amor, y no es un amor direccionando al AMOR de Dios. Recuerde tiene que ver con lo que HACEMOS con ellos, y por ellos. Algunos hijos tienen apariencia de sumisos y pueden llevar la corriente a los padres en todo, pero en realidad no hacen lo que dicen que van a hacer, por eso el consejo es; cuando vayamos a evaluarnos como hijos, miremos nuestras acciones.

¿Pero que os parece? Un hombre tenía dos hijos y acercándose al primero, le dijo: hijo, ve hoy a trabajar en mi vina. Respondiendo el, le dijo: No quiero; pero después, arrepentido, fue. Y acercándose al otro, le dijo de la misma manera; y respondiendo el, dijo: Si, señor,

voy. Y no fue. ¿Cuál de los dos hizo la voluntad de su padre? Mateo 21:28-31

Alguien dijo un día, el amor no son palabras sino acciones. Usted se imagina a Jesús diciéndonos en repetidas ocasiones que nos ama, y nunca haber ido a la cruz, seguro se hubiese escuchado y hasta visto bonito, pero de que nos hubiese servido, gracias doy que nuestro padre Dios, no escatimo ni a su hijo por amor a nosotros y todo fue a través de acto de amor en la cruz, así mismo muchas veces nos jactamos de decir palabras lindas a nuestros padres creyendo que ellos se llenan con eso y créame es posible que esto sea agradable al corazón, pero aunque no tiene nada de malo, si no está alineado con la honra, es como címbalo que retiñe o lo que la Biblia llama una fe muerta, cuando el apóstol pablo dio instrucción a Timoteo acerca del cuidado de las viudas en la iglesia, enfatizó en la importancia de cuidar financieramente a los padres, y también a los abuelos.

Atiende a toda viuda que no tenga a nadie quien la cuide. Pero si ella tiene hijos o nietos; la responsabilidad de ellos es poner en práctica la sumisión a Dios en su hogar y retribuir a sus padres al cuidarlos. Esto es algo que le agrada a Dios. Ira Timoteo 5:3-5

Algo increíble aquí es como llama el Apóstol el hecho de honrar a los padres, lo llama poner en práctica la sumisión a Dios, y es que como ya lo habíamos dicho, no amar a los demás a la manera de Dios, no es otra cosa que rebelión contra Dios mismo. No creo que debamos esperar a que uno de nuestros padres ya no esté para cuidar del otro, aunque algunas veces se aplica por circunstancias ajenas a nosotros mismos. Por ejemplo: mi padre murió cuando yo apenas tenía 5 años, mi madre quedó viuda y mi hermano mayor solo tenía 9 años, y es obvio que a esa edad no estábamos en condiciones de cuidar a nadie, por el contrario yo debía ser cuidada y mi madre se ocupó de mí por muchos años, hasta que pude valerme por mí misma, no obstante hoy funciona como Dios dice que debe funcionar, con gran gozo puedo decir que todos los hermanos hemos comprendido este mandato y por tal razón mi madre disfruta de una vida tranquila.

Ahora no siempre tuve claro este principio, pues debo reconocer que, en los inicios de mi vida cristiana, las enseñanzas que recibía eran a honrar más a los líderes espirituales que a nuestros propios padres, y obviamente esto no es una excusa pues me dolió mucho despertar a la verdad y ore con todo mi corazón a Dios para que me perdonara y me diera la oportunidad de enmendar las cosas, hablo de esto porque quiero que despierte, aunque duela debe hacerlo, no podemos obedecer a los hombres antes que, a Dios, es por eso que es muy importante escudriñar las escrituras todos los días de nuestra vida, porque solo al conocer la verdad nos hacemos verdaderamente libres. Si estoy escribiendo este libro es porque anhelo con todo mi ser que usted salga de sus miedos y sus dudas, se apegue a lo que Dios dice y pueda establecer con Dios una relación lejos de la religiosidad.

EL RESPETO

Como madre se lo doloroso que es cuando recibimos de parte de nuestros hijos una mala actitud, y aunque fer y yo gozamos de tener hijas que temen a Dios, también debo hablar de esas temporadas cuando nuestros hijos o alguno de ellos creen saberlo todo, y los consejos de los padres no son tan importantes, sé que muchos se están identificando con esto ya sea porque lo han vivido con sus hijos, o lo vivieron con los padres y Dios y el tiempo termino diciéndoles que ellos tenían razón.

Cuando los padres se vuelven adultos, pareciera que los hijos creen que ya dejaron de ser autoridad y entonces pretenden decirles que hacer, como vivir, como actuar y hasta que decidir en cierta s circunstancias, y todo lo anterior lo resumimos en que queremos cuidarlo y protegerlos para que no sufran ni la pasen mal, sabe usted: ¿cuál es la mayor causa del sufrimiento de los padres?
¡Si señores! la deshonra de los hijos, y eso pasa cuando queremos poner por encima de ellos, nuestro conocimiento y supuesta sabiduría que no es otra cosa que desconocimiento de los mandatos divinos.
Las personas por lo general creen que debemos empezar a honrar a los padres cuando, estemos establecidos financieramente, pero la verdad es que la Biblia no establece eso, según lo que encuentro en la palabra la edad de la niñez es un tiempo de aprendizaje y ser sembrados e instruidos en los mandatos del Señor y en la juventud temprana debemos ya estar caminando, decididos a hacerlo para limpiar el camino de bendición y paz.
¿Con que limpiara el joven su camino? Con guardar tu palabra. Salmo 119:9

Ahora, el respeto si tiene que ver con la manera en que hablamos, nos expresamos y comportamos con ellos y obviamente está ligado a la sujeción, aquí nuestras palabras y actitudes como hijos juegan un papel muy importante en este mandato de Dios. empezamos muy temprano en la vida a mostrar nuestro comportamiento y nuestro proceder ante ellos, (Proverbios20:11.)
Es importante saber que, sin importar el proceder de nuestros padres, el respeto debe primar hacia ellos en nuestro carácter, sé que hay muchos acontecimientos fuertes que pueden hacerle creer a los hijos que adquieren el derecho del irrespeto, pero en

realidad no lo es así delante de Dios. Se que vivimos en un mundo donde los seres humanos como padres abandonan a sus hijos, también vemos hombres y mujeres violentos e irresponsable con su generación, como creyentes sabemos que todo lo que llevamos delante de Dios, será escuchado si pedimos conforme a su voluntad, también sé que hay personas que no son creyentes que están leyendo este libro y se preguntan. ¿Como puede funcionar esto en mi si no le he entregado mi vida a Cristo? Le respondo como lo haría un gran maestro en mi vida. ¡no funciona! Es por eso que siempre está abierta la invitación a correr a Jesús, querido amigo hay cosas que aunque el mundo nos ofrezca ayuda van a permanecer en nuestro corazón hasta que se Jesús nos liberte, si y solo si decidimos entregarle nuestra vida a él, reconociéndole como señor y salvador personal, y ahí recibimos el abrazo de Dios para clamar Abba padre, entonces nuestras luchas como hijos ya no serán nuestras sino de él, quien seguramente en estos eventos siempre nos llevara a huir de una situación, buscar ayuda en otras personas antes de romper un mandato establecido en su palabra para nosotros. y por supuesto si somos creyentes sabemos a quién acudir en tales circunstancias y también sabemos de qué manera hacerlo, nos pueden instruir humanamente y las personas nos pueden aconsejar según sus experiencias, pero, nunca en toda la historia de la humanidad se ha demostrado que eso funcione mejor que la oración y el ayuno delante de Dios, la oración para exponernos delante de Dios y el ayuno para hacernos más sensibles a su voz.

La conclusión es: el comportamiento de nuestros padres no define nuestro trato con ellos, eso ya está establecido por la palabra de Dios, y si rompemos ese orden, tendremos que asumir consecuencias que también están establecidas en su palabra. No podemos romper los mandatos de Dios sin que esto traiga dolor a nuestras vidas y el irrespeto a los padres es falta de amor hacia sus estándares o sea hacia él, ya no solo estamos rompiendo el mandamiento de honrar a nuestros padres sino también el de amar a Dios sobre todas las cosas, y debemos recordar que esto alcanza nuestras generación, podría ser más suave acerca de esto pero NO QUIERO, anhelo que usted despierte al verdadero caminar en amor en todas las áreas y lo llevare a la Biblia para corroborar lo que he escrito.

Después comenzó Noe a labrar la tierra y plantó una vina; y bebió del vino, y se embriagó, y estaba descubierto en medio de su tienda. Y Cam padre de Canaán, vio la desnudez de su padre y lo dijo a sus dos hermanos que estaban afuera. Entonces Sem y Jafet tomaron la ropa, y la pusieron sobre sus propios hombros, y andando hacia atrás, cubrieron la desnudez de su padre. Y despertó Noe de su embriaguez, y supo lo que había hecho su hijo más joven, y dijo; Maldito se Canaán: siervo de siervo será a sus hermanos. Dijo más: Bendito por Jehová mi Dios sea Sem, y sea Canaán su siervo. Engrandezca Dios a Jafet, y sea Canaán su siervo. Genesis 9:18-27

Si miramos el contexto quien deshonró a Noe fue Cam, pero la maldición fue sobre Canaán su hijo o sea sobre su generación, y quiero tocar este tema porque sé que todos anhelamos tener hijos sujetos y obedientes, en realidad esto no empieza en nuestro hogar, sino en el hogar de nuestros padres donde como hijos tuvimos la oportunidad de honrar y sembrar bendición sobre nuestra generación, de lo contrario es bueno que en este tiempo nos expongamos delante de Dios y nos arrepintamos, pidamos perdón y enderecemos toda situación en nuestras vidas, no se preocupe todos hemos pecado y deshonrado a nuestros padres, el que esté libre de pecado pude lazar la primera piedra, pero este es un tiempo para apartarnos de todo eso y seguramente alcanzaremos la misericordia de Dios, podemos orar por nuestros hijos, pero en verdad necesitamos volvernos a DIOS de todo corazón, reconocer la deshonra a nuestros padres, pedir perdón a Dios y si los tenemos vivos aún, empezar una vida de AMOR en honra y veremos como Dios obra de una manera maravillosa, la única razón de eso, es que, él nos amó primero.

Jesús también nos habló de amar a nuestros enemigos y sabe usted que de esto casi no se predica, es como si se asumiera que el cristiano por el hecho de hacer una oración de fe e ir a la iglesia los domingos todo se arregló y todo cambió como por arte de magia, y así se van posponiendo las enseñanzas de caminar en los mandatos de Dios hasta que naturalizamos el odiar a los que nos hieren, y asumimos el derecho de tomar venganza por nuestra cuenta, y es que lo hacemos de una manera tan sutil que nadie se percata de lo que estamos viviendo internamente.

Hay una hecho extraordinario que ocurre cuando nos exponemos delante de Dios en cuanto a aquellos que constantemente están ocasionándonos dolor y hasta perdida y empezamos a bendecirlos con nuestra boca y a pedirle a Dios que los bendiga, seguramente al principio solo será un acto de obediencia que cuesta, pero al pasar los días, se percatará que hay liviandad en su corazón y puede orar más profundamente por ellos, pero no olvide que siempre hay un comienzo y empezar nunca ha sido fácil, le aseguro que al pasar el tiempo notará el cambio en su interior, y puede que no vea que las circunstancias con aquellas personas cambien, pero es que eso no le corresponde a usted, debe dejar a Dios obrar, él dijo mía es la venganza yo pagaré (Romanos 12:19). Y con esto no le estoy diciendo que cuando oramos por nuestros enemigos, esperamos que caigan delante de nosotros por nuestra oración, este es el error más común cuando oramos por ellos, le voy a decir algo Dios jamás hará caer a alguien solo para que usted se regocije, o se alegre, si alguna vez cae es por la mano de Dios y seguramente para ese momento ya habrá amor en su corazón hacia ellos, lo cual lo llevara a ayudarlos si es necesario.

Cuando cayere tu enemigo, no te regocijes, y cuando tropezare, no se alegre tu corazón; no sea que Jehová lo mire, y le desagrade, y aparte de sobre el su enojo. Proverbios 24:17-18
Soltar a nuestros enemigos delante de Dios trae libertad a nuestra alma, y con ello sanidad, para eso tendremos que bajar los brazos en rendición, créanme cuando les digo que pedir por ellos funciona, y la razón de eso es que es un mandato de Jesús, además de que también libertamos a nuestra generación, recuerde: *Todo aquello que atemos en la tierra será atado en el cielo y todo aquello que desatemos en la tierra será desatado en el cielo. Mateo 16:19*

EL AMOR HACIA DIOS Y A NUESTROS HERMANOS.

Los pongo juntos porque Jesús dijo que ambos son semejantes y que de estos dos depende toda la ley y los profetas. (Mateo 22:37-40)
Desde el inicio de la creación vemos que el aborrecer a un hermano definitivamente no es del agrado de Dios, y no es que el espere que seamos perfectos, pero si quiere evitarnos las consecuencias de vivir lejos de su verdad.
Una de las cosas en que podemos estar caminando lejos de lo establecido por Dios es la de amarnos unos a otros como Jesús nos amó, créame es una medida que la humanidad perdió hace mucho tiempo y la sociedad la disfrazó de una manera tan sutil, que a lo malo se le llama bueno y a lo bueno malo y lo que se

conocía como desacato lo normalizaron, fue así como todo lo establecido cambio de orden y es por esa razón que la iglesia no puede volverse al sistema del mundo para saber que hacer, debe seguirse guiando por lo que escribieron los apóstoles y profetas, así hayan pasado miles y miles de años, porque la verdad de Dios permanece para siempre (1ra Pedro 1:25).

Cuando se cambia el orden de las directrices del amor, se crea caos, cuando recibimos enseñanzas de personas o entidades que hablan verdades a medias y las aceptamos, entonces se diluye el concepto derivado de una verdad favorecida por testigos y testimonios que evidencian la veracidad de ella. No podemos desconocer que todos aquellos que un día aceptaron y abrazaron lo que Dios estableció como amor, caminaron en medio de un mundo caído, con la certeza que sin importar lo que pase, hicieron lo correcto y se fueron con ello.

La humanidad a adquirido diferentes conceptos acerca de amarnos los unos a los otros, y debo admitir que pasa el tiempo y no claudica en su posición frente al amor, lo cual es entendible conociendo la ausencia de Dios en sus vidas, PERO, que como creyentes caminemos en oscuridad en este concepto si es triste y preocupante en estos tiempos porque en el momento de aceptar que Jesús es el hijo de Dios y recibirlo en nuestros corazones como salvador inmediatamente se nos da el derecho de llamarnos hijos de Dios y por consiguiente hermanos los unos de los otros, tampoco podemos desconocer que cuando somos salvos recibimos claridad para ver, recuerde que Jesús es la luz del mundo, (ver Juan 8:12) y si Jesús está en nosotros, entonces su luz se refleja a través nuestro, (ver Mateo 5:13-16).

Lo preocupante es la oscuridad que hay en el corazón del cristiano cuando del amor se trata, durante muchos años de mi vida en Cristo experimenté ciertas manifestaciones que con el paso del tiempo fueron creando duda en mí, de si realmente el responsable de lo que me estaba pasando era el enemigo o simplemente eran consecuencias de mantener una postura de justicia en mis obras, a raíz de eso decidí tomarme un tiempo en ayuno y oración acerca de lo que mi corazón experimentaba y que no traía paz ni gozo a mi vida, sino que percibía amargura en mi corazón y a pesar que parecía normal lo que ocurría, no era nada para alarmarse físicamente, pero que yo estaba segura no era la voluntad de Dios que siguiera en esa condición.

Hoy quiero hablar de esto porque he visto como las apariencias han tocado la puerta de la iglesia y se le ha abierto para que entre y se siente y se le adora como si fuera Dios, siempre les recuerdo esta frase a mis amigos y a mis hijas y familia; "las cosas y las personas no son lo que parecen" me fundamento en lo que las escrituras dicen del corazón del hombre, el cual es engañoso en gran manera, también sé que el único que prueba nuestros corazones es Dios. (Jeremías 17:9-10)

Ese tiempo de búsqueda del cual les hablo, me dio verdades maravillosas que para mí eran solo conocimiento, pero que en ese tiempo se hicieron rema dentro de mi ser, para terminar, conociendo las más bellas virtudes del perfecto amor, lo cual se traduce en amarnos los unos a los otros como Jesús nos amó y solo así, de esta manera amamos a Dios. y esto fue lo que recibí del Señor.

AMAR ES PERDER PARA GANAR.

Y ciertamente, aun estimo todas las cosas como perdida por la excelencia del conocimiento de Cristo Jesús, mi Señor, por amor del cual lo he perdido todo, y lo tengo por basura para ganar a Cristo. Filipenses 3:8

En un lenguaje secular esto no tiene sentido, pero en el lenguaje espiritual es una verdad irrefutable. Jesús perdió su vida acá en la tierra para ganarnos a usted y a mí, y como resultado ganó la Gloria que el padre le dio y fue exaltado hasta lo sumo.

Si, mis queridos amigos, perder por cumplir el mandato de Dios es una de las grandes virtudes del amor, el perder nos produce sufrimiento es por eso por lo que queremos mantenernos alejados de esta verdad, y aferrarnos al concepto que Dios siempre nos da la victoria y no tenemos que ceder nada, lo cual está totalmente alejado de las directrices del amor de Dios hacia nosotros. No queremos perder frente a otras personas, y en ocasiones aún tendremos que perder relaciones que no son llevadas a la manera de Dios, para vivir en amor, pero, no ceder ante una situación donde queremos tener el control y la razón, esto no va de acorde con el amor a nuestros hermanos, ¿No le parece que estamos un poco al revés? Le damos importancia a todo menos a los mandatos establecidos, decimos que amamos mientras no toquen aquello a lo que nos aferramos, perdemos de vista la verdad tan fácilmente que normalizamos y nos acostumbramos a ciertos comportamientos dentro el cuerpo de Cristo, que pasa el tiempo y no los llevamos a la verdad y esto termina oscureciendo nuestra vista y nuestro andar en amor. Para caminar en él, debemos hacerlo por fe y no por vista, si estamos en situaciones donde debemos tomar decisiones, es importante hacerlo de manera que no perjudique al otro, así eso nos requiera perder, tenga la seguridad que esa pérdida por amor se va a convertir en una gran ganancia en nuestras vidas. Miremos las escrituras.

Entonces Abram dijo a Lot: No haya ahora altercado entre nosotros dos, entre mis pastores y los tuyos, PORQUE SOMOS HERMANOS. ¿No esta toda la tierra delante de ti? Yo te ruego que te apartes de mí. Si fueres a la mano izquierda, yo iré a la derecha: y si tú a la derecha, yo iré a la izquierda. Genesis 13:8-9

Antes de que Abram tomara esta decisión, la biblia dice que él era muy rico y que Lot también tenía ovejas, vacas y tiendas, por tanto la tierra donde estaba no era suficiente para ambos, por lo que se presentó contienda entre los pastores del ganado de Abram y los pastores del ganado de Lot (versículo 7), y Abram antes de altercar con su pariente por tierras, quiso ofrecer la oportunidad de elegir a Lot, para que tuviera la prioridad de tomar lo mejor e ir al lugar donde seguramente Abram deseaba que fuese bendecido, pudo haber mirado primero que le convenia más a él, y decidir caminar hacia allá, pero seguramente Abram entendía que si caminar en amor con Lot le implicaba perder, estaba dispuesto a hacerlo, de hecho el perdió a un pariente a quien seguramente amaba ya que se atrevió a traerlo con el cuándo Dios los llamo a salir de la tierra de su padre, yo creo con toda seguridad que esto le ocasionó sufrimiento a Abram, él amaba a su sobrino, tanto, que tiempo después cuando Lot, y su familia fueron hechos prisioneros junto con sus bienes, Abram salió con sus criados a buscarlos, peleó por ellos y los rescató junto con todos sus bienes (Genesis 14:11-16)

La hermandad es un mandato de Dios donde el sufrir por amor se convierte en la senda para recibir aquello que hemos perdido, después de esto Abram es bendecido por Melquisedec (Genesis 14:17-24) y luego vino la promesa de un hijo sobre la vida de este hombre al cual se le conoce como 'Amigo de Dios" Genesis 15:1-5

La Biblia también relata el sufrimiento de Jesús instantes antes de ser apresado para ser llevado a juicio, él sabía que en algún momento iba a perder lo que consideraba más preciado para su vida, la comunión con el padre y esto le ocasionaba dolor, no obstante, aunque tenía el poder para rehusarse, decidió obedecer y cumplir con el estándar de Dios en el amor por el mundo.
Esos estándares aún siguen vigentes, Jesús dijo:

Nadie tiene mayor amor que este, que uno ponga su vida por sus amigos. Vosotros sois mis amigos, si hacéis lo que yo os mando. Juan 15:13-14

Asumimos que somos amigos de Jesús porque vamos a la iglesia o porque un día hicimos una oración entregando nuestra vida a él y fuimos salvos, déjeme decirle esto lo recibimos por gracia, pero todavía debemos seguir caminando en hermandad para entablar esa amistad tan anhelada con el Espíritu de Cristo, como llamarlo amigo cuando odiamos a aquellos por los que él, entregó la vida sé que el anhelo de nuestro corazón es ser tan cercanos a Jesús que podamos escuchar cada palabra que nos dice, y estar seguro que nos escucha en cualquier momento que le pidamos algo en oración, pero sabe usted algo, la razón por la que no creemos y dudamos de si Dios nos escucha y nos responde con lo que hemos pedido es por nuestra condición frente al amor, porque cuando el amor de Dios se perfecciona en nosotros, cuando decidimos bajar los brazos con aquellos hermanos con los que tenemos situaciones pendientes, y nos alejamos de la contienda, pero también optamos por apartarnos de todo aquello que hacemos en lo secreto y que perjudica de alguna manera a otros, solo en ese momento la oscuridad desaparece de nuestro interior y juntamente con ella el miedo, la única manera de experimentar temor es en la oscuridad

y en tinieblas, pero la luz las echa fuera y solo andamos en luz cuando nos amamos unos a otros. (1ra Juan 1:5-8)
Obviamente estamos hablando del amor que proviene de los estándares y mandatos de Dios, de aquel amor que decide perder antes de desobedecer y dañar a un hermano, de ese amor que al actuar de la manera correcta nos duele, porque nos pareciera injusto lo que vivimos y aun así permanecemos en la verdad de Dios y es que definitivamente *el amor es sufrido, es benigno, el amor no tiene envidia, el amor no es jactancioso; no se envanece. 1ra corintios 13:4*
Tendremos que aprender a perder no porque alguien nos lo quite, sino porque voluntariamente lo entregamos, y eso fue lo que el cordero de Dios hizo en la cruz.

Por eso me ama el padre, porque yo pongo mi vida, para volverla a tomar. Nadie me la quita, sino que yo de mí mismo la pongo. Juan 10:17-18

Si nos aferramos al retener y quedarnos con todo lo que queramos, eso incluye cosas materiales, resentimientos, vida secreta de pensar y actuar mal, murmuración, y también quedarnos con el hecho de decirle al mundo que tenemos razón, pero esas cosas nos roban, no nos suman y terminamos perdiendo no solo lo que se ve si no también lo que no se ve, aquello que no es perecedero y que con ninguna suma de dinero ningún intercambio terrenal podremos tener, se llama la paz y el gozo de una vida libre en la luz, en la verdad de Dios que se llama el amor, aquello que tomamos simplemente por orgullo y sostener nuestro carácter lo terminaremos perdiendo en cualquier momento, pero aquello que perdemos por la causa de Jesús (el amor) lo hallamos en su tiempo.

El que halla su vida la perderá; y el que pierde su vida por causa de mí, la hallará. Mateo 10:39.

Al momento de perder vemos las cosas de manera desconcertante, e inclusive lo percibimos como algo injusto y no bueno, la razón es que el sufrimiento del amor se basa en una espera que para la humanidad no tiene sentido, cuando amamos bajo parámetros Bíblicos el mandamiento de Dios viene sujeta a esperar el fruto de esa obediencia, es la ley de la siembra y la cosecha que también se aplica al amor, recuerde que para recoger debe transcurrir un tiempo desde el momento de la siembra, y es esta palabra (tiempo) que la humanidad aún no quiere entender, por lo que se le hace difícil sujetarnos a él, aunque se nos permite adminístralo acá en la tierra, también es un hecho que en las esferas espirituales Dios sigue siendo el dueño de este, y está en control del mismo (Daniel 2:21).

El tiempo nos dice si caminamos en obediencia o no, si amamos con estándares divinos o amor fingido, el tiempo pone cada cosa y cada persona en su lugar, es ese mismo tiempo que expone lo guardado y escondido en el corazón del hombre, nadie absolutamente nadie, ni el que se considera más poderoso acá en la tierra, se puede burlar de Dios y el tiempo siempre demostrara la sabiduría de Dios. No existe tal cosa como que alguien es bueno y le pasan cosas malas, eso solo ha ocurrido una sola vez en toda la humanidad y créame fue el mismo que se entregó, y lo hizo por amor.

Cuando mis hijas me preguntan acerca de por que pasan cosas injustas con personas buenas, yo les respondo; oremos y ESPEREMOS, Dios no es injusto, y nunca ha dejado al justo desamparado. (Salmo 37:25

La única manera de salir ilesos de situaciones que a nuestro parecer son injustas, es caminando en la justicia de Dios, y esa medida es diferente a la nuestra, pues a nuestro parecer es justo defendernos, reclamar, resistir, ignorar, alejar, retener, ajustar y todo lo que parece tenemos derecho, pero en verdad hay un camino que es mucho más excelente que este, ese camino se llama Jesús y él es el amor, mediante quien todo lo ESPERAMOS y todo lo SOPORTAMOS, obviamente no siempre es fácil y Dios no dijo que lo fuera, lo único que nos permite permanecer así, es amar a Dios sobre todas las cosas, y sabemos que la única evidencia del nuestro amor por él, es amarnos los unos a los otros, en otras palabras si amamos a Dios, amamos a nuestros hermanos, porque si no amamos al que vemos tampoco vamos a amar al que no vemos. (1ra Juan 4:20)
Claro para lo anterior es necesario perder, orgullo, posiciones, títulos, arrogancia, superioridades y todas esas cosas que nos alejan de vivir en humildad para Dios y los demás. La humildad se evidencia en cómo me relaciono con mis hermanos, la Biblia dice que debemos considerar a los demás como superiores.

No hagan nada por contienda o por vanagloria. Al contrario, háganlo con HUMILDAD Y considerando cada uno a los demás como superiores así mismo. Filipenses 2:3

Para caminar en amor con nuestros hermanos es necesario abrazar la humildad y esto solo nos pasa cuando nuestra vida es derramada delante de Dios diariamente en arrepentimiento, la humillación delante de los hombres no podrá llevarse a cabo a menos que ocurra primero delante de Dios, el amor es sufrido, cuando nuestro corazón es un sacrificio vivo delante del creador reconociendo que lo necesitamos y que nuestro carácter necesita

ser formado a la semejanza de él, si nos humillamos continuamente delante de Dios, estaremos en posición de humillarnos delante de los demás, y no hablo de la clase de humillación que produce el pecado, si no de la humildad del corazón que no es otra cosa que un espíritu bajo, que nos permite reconocer quienes somos, pedir perdón por nuestros errores y ver a los demás como superiores. (leer Salmo 51:17)
Entre más permanezcamos delante de Dios, más perderemos de nosotros mismos y ganaremos más de él, de su carácter y de su amor, solo para darnos cuenta de que las cosas que estimábamos de gran valor, ya no lo tienen y no nos importa perderlas, puesto que ya no caminamos en nuestra justicia sino en la de Dios.

Pero cuantas cosas eran par mi ganancia, las he estimado como perdida por amor a Cristo. Ciertamente, aun estimo todas las cosas como PERDIDA por la excelencia del conocimiento de Cristo Jesús, mi Señor, por AMOR del cual lo he perdido todo, y lo tengo por basura, para ganar a Cristo, y ser hallado en él, no teniendo mi propia justicia, que es por la ley, sino la que es por la fe de Cristo, la justicia que es de Dios por la fe. Filipenses 3:7-9

Si no amamos a nuestros hermanos, no amamos a Dios, y si no amamos a Dios estamos quebrantando el primer mandamiento amarás a Dios con todo tu corazón, entonces la fe no puede tener obras y será muerta.

AMAR ES CAMINAR EN LUZ.

No sé cuántos se identifiquen conmigo en el hecho que lo que más nos asustaba cuando éramos niños, era la oscuridad y eso es como un recuerdo que se queda en nuestro corazón y a media que pasa el tiempo aprendemos a darle un espacio en nuestra vida como si tuviésemos la obligación de hacerlo. Partamos de la base que la oscuridad no es otra cosa que la ausencia de luz y estoy convencida que eso tiene que ver con el conocimiento de Jesús, definitivamente no superaremos lo oscuro en nuestro interior sin buscar saber quién es Dios, y a medida que nos acerquemos y lo conocemos, su luz ira entrando en nuestro corazón revelándonos la consistencia del amor entre más revelación de la esencia de Dios en nuestras vidas, la confrontación, el ser redargüidos y confrontados, el ser quebrantados a causa de su presencia y su verdad, el amor se va perfeccionando en nosotros y sacando el miedo de nuestros corazones.

La cosa es así, si evadimos a un hermano por la razón que sea y nuestro corazón máquina que decirle para no verlo o zafarse de él, estamos caminando en oscuridad y Dios lo sabe, porque la Biblia dice que Dios todo lo ve, nos hemos acostumbrados a normalizar situaciones que van en contra del amor los unos por los otros, algunos callamos verdades bíblicas para que los demás estén contentos, lo cual va en contra de lo que Jesús hizo cuando estuvo en cuerpo presente acá en la tierra, no estamos llamados a vivir en contiendas pero si estamos llamados a vivir en la luz, nuestro comportamiento debe ser claro en dirección con las normativas de Dios, cuando tomamos ventaja en una situación mintiendo o murmurando de alguien, estamos quebrantando principios divinos y esto nos aleja del verdadero amor.

Caminar en la luz no quiere decir que nuestra vida está libre de equivocaciones, siempre vamos a cometer errores, el detalle y secreto está en lo que hacemos con ellos, cuando los escondemos nuestro corazón empieza a experimentar dudas y temor y por más que queramos que alguien nos toque para ser libres, no funcionara, porque hay cosas que solo solucionándolas en nuestro corazón trae sanidad a nuestra vida, el presentarnos delante de Dios con nuestras situaciones para pedirle que nos ayude, nos deja en el camino de la dependencia de su misericordia y amor, es difícil de creer pero existe un sin número de personas conocedoras y hasta lideres, que llevan todas sus cosas delante de los hombres tratando de hallar justificación a sus actos, y probablemente se encuentren con personas iguales a ellos que los justifican y no los exhortan a lidiar con esto desde la perspectiva de Dios.

¿Qué es el amor?
Caminar en los mandatos de Dios.

¿Cuáles son los mandatos de Dios?
Caminar en amor.

Danis Bernal

EL AMOR Y LA DISCIPLINA.

No es un secreto que cuando entregamos nuestra vida a Jesús, todos entramos en tiempos de disciplinas espirituales ya sea parciales o totales, nuestra tendencia es a hacer todo aquello que el Señor nos dice que hagamos para mantenernos cerca de él, pero también hay que reconocer que a medida que pasa el tiempo pareciera que las obras del espíritu que son el ayuno, la oración y la lectura de la palabra fueran reemplazados por el servicio en la iglesia, la puntualidad el domingo a las reuniones y el título de Cristiano.

Es muy difícil que un creyente tome la decisión por sí mismo a los principios espirituales, siempre está la intervención de Dios en nosotros y siempre lo hace creando situaciones que de una u otra manera hace que perdamos la esperanza, o que no podamos ver la luz en ellas, inclusive que nos roban la paz, eso fue lo que dijo Jesús. Vamos a mirarlo a la luz de la palabra.

Un día los discípulos de Juan el bautista se acercaron a Jesús y le preguntaron: ¿Por qué tus discípulos no ayunan, como lo hacemos nosotros y los fariseos?
Jesús respondió:

¿acaso los invitados a una boda están de luto mientras festejan con el novio? Por supuesto que no, pero un día el novio será llevado, y entonces sí ayunarán. Mateo 9:14-15

Cuando algunos creyentes se acomodan a la celebración, a la comodidad y a la seguridad que todo va a estar bien, pierde su necesidad de estar cerca de la presencia de Dios, y pueda que en ese tiempo aún estén leyendo la palabra, los discípulos de Jesús estaban con él, sin embargo ninguno experimentó la necesidad de ayunar, en algún momento le pidieron al Señor que les enseñara a orar, pero nunca le preguntaron por el ayuno, sin embargo cuando les enseña acerca de la oración también lo hace acerca del ayuno. (Mateo 6:16) esto me dice que ambas cosas son igualmente importantes en nuestra vida espiritual.

Jesús dijo que llegaría el tiempo donde el esposo les será quitado y entonces ayunarán, y es que ellos tenían acceso físicamente a Jesús, porque él estaba en cuerpo físico acá en la tierra, lo cual no ocurre desde su ascensión al cielo, tal vez usted escucha cosas en las reuniones congregacionales, como: Jesús está aquí en este lugar, déjeme decirle algo; Jesús ya no está con nosotros físicamente, por tanto, él no puede habitar en templos hechas por manos de hombre. (Hechos 17:24). los discípulos tenían acceso físicamente a él, por eso no ayunaban, estaban gozosos de estar con el esposo, nosotros no tenemos acceso físico a Dios, nuestra comunión con él es espiritual, por tanto debemos relacionarnos con Dios a través del espíritu de cristo el cual el padre envió cuando Jesús partió para cumplir su promesa de no dejarnos solos y él habita en nosotros, porque somos el templo de Dios y nos somos hechos por manos de hombres si no de Dios, el Salmo 139: 13-16 nos habla que Dios nos creó en el vientre de nuestra madre y nos formó físicamente, y la Biblia también nos habla que somos hechura suya creados en cristo Jesús para buenas obras, (Efesios 2:10) en otras palabras él nos formó y nos hace nuevamente suyos en Cristo Jesús, cuando recibimos su Espíritu Santo el cual viene a nosotros cuando tomamos la decisión de entregar nuestra vida a cristo, cuando el Señor Jesús hizo 40 días de ayuno la Biblia dice que fue el Espíritu santo quien lo guió a esto y para eso lo llevó al desierto. (Mateo 4:1)

Aquí es donde las disciplinas espirituales se vuelven fundamentales en la vida del creyente, no podemos pretender ser espirituales y relacionarnos con Dios a través de caminar en nuestros razonamientos humanistas y en una vida escasa de la oración, la palabra de Dios y el ayuno.

Por lo general el creyente vuelve a estas prácticas escriturales cuando pasa por una circunstancia difícil, Jesús dijo: cuando el esposo le sea quitado ayunan, muchas veces se no es quitado aquello que la biblia dice que Jesús es para nosotros, por ejemplo la paz, Jesús dijo mi paz os dejo mi paz os doy y también dijo que él no la da como la da el mundo, también podemos perder la claridad para tomar decisiones, entonces cuando se nos quitan estas cosas volvemos a él y empezamos a ejercer disciplinas espirituales olvidadas o desplazadas por los afanes o las comodidades de la vida, y la Biblia también dice que Jesús es la luz del mundo. (Juan 8:12)

Cuando perdemos de vista lo que Jesús es para nosotros entonces experimentamos que estamos solos y que todo a nuestro alrededor camina contrario a como quisiéramos, algunas personas se resignan a esta situación y piensan que así se vive la vida cristiana, y la razón es que desconocen la importancia de la permanencia en el, no importa a cuantas reuniones asistimos, o cuánto liderazgo ejercemos, si no estamos conectados como el pámpano a la vid, esto se va a reflejar en todos los aspectos de nuestra vida ya que estaremos dando tumbos en nuestras decisiones añadiendo más dolor e insatisfacción a nuestro ser. ¿Alguna vez alguien me preguntó, como hago para saber si mis decisiones son guiadas por Dios? y la respuesta es muy sencilla. si usted no está caminando en las disciplinas espirituales (oración, ayuno y lectura de la palabra) lo más probable es que esté tomando decisiones por sí mismo.

Una de las cosas que vi al llegar a esta nación, es que los creyentes no están habituados a ayunar, es como si fuera un tema ajeno a las escrituras, como si no fuera necesario ni importante o como si fuese asunto de los apóstoles y profetas, y no es así. ¿Podría usted preguntarse cuándo fue la última vez que hizo un ayuno? y si fue hace poco, podría preguntarse. ¿Cuál fue la causa que lo llevó a hacerlo? Obviamente no quiero traer culpabilidad a su vida, pero sí que haga una introspección acerca de sus hábitos y disciplinas en Cristo. No entiendo en qué momento fuimos convencidos que seguir a Jesús es ir a la iglesia todos los domingos, en realidad es mucho más que eso, es saber que somos seres espirituales y que por ningún motivo podremos comunicarnos y relacionarnos con Dios a través de la carne, o de solo palabras, hoy debemos saber que si no caminamos, si no aprendemos a disciplinarnos en cuanto al crecimiento espiritual, estaremos fluctuando en nuestra vida, viviendo con entusiasmo los días que nos parecen buenos y con desánimo lo que no nos gustan tanto y entonces aprendemos a ser como las olas del mar de aquí para allá y sabe que dice la Biblia al respecto, que en este estado no debemos esperar nada del Señor.

Cuando se la pidan, asegúrense que su fe sea solamente en Dios, y no duden, porque una persona que duda tiene la lealtad dividida y es tan inestable como una ola del mar que viento arrastra y empuja de un lado a otro. Esas personas no deberían esperar nada del Señor. Santiago 1:6-7

Querido lector lo único que nos ofrece estabilidad tanto física como emocional, es permanecer injertados, y eso no pasa solo por decir que somos cristianos, o por no perderse una reunión en la iglesia, tampoco ocurre porque nos involucremos en tantos ministerios que la gente que te rodea ya no sabe ni cómo te llamas, la vida espiritual ocurre como la biblia dice que pasa, nuestra comunión es con el hijo, con Jesús, y esto es todos los días de nuestra vida, todos tenemos tiempos diferentes durante el día para hacerlo, lo importante es que ese tiempo con Dios sea tan importante para usted como el aire que respira, pero debo ser franca esto no ocurre por arte de magia, porque Dios no es eso, es una vida de hábitos que empezamos cuando recibimos la gracia de Dios, debemos empezar a conocer a quien nos salvó, saber cuál es su naturaleza y carácter, que es lo que quiere que hagamos y cómo quiere que le adoremos, y el único comienzo para eso son las escrituras, permanecer leyendo la palabra de Dios abre tu entendimiento a la oración, te muestra el camino a seguir (Juan 14:6), también empiezas a experimentar el anhelo de orar, porque Jesús pone ese querer en ti, (Filipenses 2:13) y te va llevando por tiempos a solas con él y con su espíritu.

Lo anterior es supremamente importante para vivir y relacionarnos con otros, ya que en la mayoría de los problemas que pasamos siempre hay involucradas personas, y si no practicamos disciplinas espirituales, vamos a tener el mal hábito de solucionar todo como humanamente nos parece, y que a nuestro juicio nunca está centrado con el juicio de Dios, por lo general vemos lo que está delante de nosotros, pero la Biblia me enseña lo que Dios ve, y él siempre va directo al corazón.

Cuando no sujetamos las situaciones a Dios a través de los ayunos y la oración, emitimos juicios equivocados causando distanciamiento entre personas y ocasionando guerras internas que el enemigo puede usar para traer dolor y desaliento.
Tal vez usted ha escuchado que nunca debemos juzgar a otros para que tampoco nos juzguen, pero quisiera hacer un recorrido de la revelación de la palabra al respecto, pido a Dios que esto traiga luz a su vida y que pueda descartar ciertas dudas que han surgido al respecto.

No juzguéis según las apariencias, sino juzgad con justo juicio. Juan 7:24 RV

Si, y definitivamente sí estamos llamados a juzgar porque toda autoridad se nos es delegada en Cristo, pero tenemos que hacerlo con justo juicio o sea con la justicia de Dios en Cristo Jesús. ¿Quién dice? La biblia en el libro de (Mateo 7:1-5)
Jesús habla de no juzgar para no ser juzgados y este versículo lo toman las personas para decir que no podemos juzgar, sin embargo, usted debe entrar en contexto de este texto para entender lo que el Señor nos está diciendo, en el versículo 2 dice que el criterio que usamos para juzgar es el problema, en otras palabras, no debemos juzgar según lo que vemos, oímos, pensamos y sentimos, sino según las escrituras y el Espíritu Santo. En el versículo 3 Dios nos dice que primero quitamos el tronco de nuestro ojo para poder ver bien (con justo juicio). ¿Y cómo lo hacemos? Llevando toda situación a la oración, a la palabra y en ocasiones al ayuno, ¿quién dice? La Biblia, si seguimos leyendo en el versículo 7 Jesús involucra la oración en esta enseñanza, orar para saber si lo que estoy pensando o viendo es verdad o me estoy dejando llevar por los conceptos que tengo de esa persona,

preguntarle a Dios reconociendo que yo puedo estar equivocado y seguramente su Espíritu traerá claridad a nuestro corazón sobre lo que está pasando y hará diferencia entre nuestros sentimientos y convicciones al respecto, probablemente debemos quitar primero el orgullo, los celos , el resentimiento , enojo y otras cosas parecidas , pedirle al Señor que limpie nuestro corazón, (viga en nuestro ojo) podremos ver bien para dar un justo juicio.
Dios dice que podemos pedir cualquier cosa en el nombre de Jesús y será dada, buscaremos y hallaremos, pediremos y encontraremos y tocamos y se nos abre y luego termina diciendo haz a los demás lo que quieras que te hagan a ti. Ver 12.
No podría terminar este capítulo sin hablar de las más grandes expresiones de amor a través de la disciplina, y escucho hablar de ella todo el tiempo como si fuera una opción, otros la tratan como si fuera algo fuera de serie que esta dictaminado solo para unos cuantos en la iglesia.
Se trata del amor en la gran comisión.

Por tanto, id, y haced discípulos a las naciones, bautizándolos en el nombre del Padre, y del hijo, y del Espíritu santo; ENSEÑÁNDOLES que guarden todas las cosas que os he MANDADO; y he aquí yo estoy con vosotros todos los días, hasta el fin del mundo. Mateo 28:19-20

Debemos reconocer que la primera persona que ejerció el amor es Dios, y es claro para nosotros que no le amamos a él, sino que él nos amó a nosotros. (ver 1 Juan 4:10) no obstante nos damos cuenta de que casi todos los creyentes podemos citar Juan 3:16; sin embargo, solo queda la letra, porque se ha olvidado la esencia de esta palabra. El amor humano tiene sus formas, está el amor de los padres hacia los hijos que va ligado a la misma sangre, también está el amor entre parejas que busca el anhelo del placer uno en el otro y por supuesto el fraternal el cual nos proporciona felicidad cuando frecuentamos a nuestros amigos. A pesar de lo anterior nada se compara con el amor de Dios, el cual se sacrifica de una manera total por el que ama, en ese sentido la Biblia dice que Jesús ama tanto la iglesia que se entregó así mismo por ella, para santificarla (ver Efesios 5;25-26)

Por alguna razón el liderazgo da por sentado que el trabajo en la obra de Dios es en amor, pero tendríamos mucho que evaluar al respecto, si nos direccionamos por las Escrituras, hay situaciones que Dios no tolerará en aquel día, pues muchos se presentaran delante de él, haciendo alarde de sus grandes obras, (actos proféticos, liberaciones, y hasta milagros) y Jesús declarara que no los conoce y los apartará de su presencia. (Mateo 7 :21-23)
Debemos tener claro a que nos ha llamado Dios, sé que para muchos eso significa tener multitudes tras de sí, para otros viajar por todo el mundo haciendo de una u otra manera trabajo ministerial y para alguien más seguramente eso significa hacer lo que Jesús dijo en Mateo 28:19-20 lo cual si lo ejercitamos como disciplina establecida por Dios en nuestra vida, donde quiera que vayamos así tengamos que empezar de nuevo en otra nación, esto no cambiará, seguiremos haciendo discípulos para Cristo. Permítame contarle algo:
Cuando entregué mi vida a Jesús, asistía todos los lunes a un discipulado, allí alguien me compartía la palabra de Dios a través de enseñanzas que iban transformando mi vida y mi manera de pensar, como era algo constante, se despertó en mí el anhelo de escudriñar las escrituras y orar, al pasar el tiempo empecé a experimentar que Dios también quería que enseñara a otros de él, por lo que respaldada por una visión celular, busque una anfitriona

o una casa donde yo pudiera ir cada ocho días a enseñar a personas de la palabra de Dios, recuerdo que esas reuniones las hacíamos los viernes, se convirtió en una constante durante años, empezamos cuatro personas y luego fuimos creciendo hasta formar un grupo que se convirtió en una familia espiritual, y ellos a su vez enseñaban a otros en diferentes casas y los discipulaban, hoy en día que estoy en una nación diferente, seguimos en contacto, y a veces con muchos de ellos compartimos por largas horas de la palabra, por video llamadas o una simple llamada. Se que muchos que están leyendo este libro pueden confirmar esto, también permanecen los lazos de amor con aquellos que se formaron juntamente conmigo como discípulos de Cristo, y la mayoría estamos en naciones diferentes, empezamos en una casa, a discipularnos y a hacer discípulos y ahora cada una está donde Dios quiso seguramente con un propósito; Hacer discípulos. Recuerdo que algunos de las personas que asistieron a nuestro grupo, se mudaron a esta nación donde estamos, y nos dijeron, queremos seguir siendo discipulados y entonces abrimos las puertas de nuestra casa y empezamos con ellos, de eso ya hace cuatro años, y la mayoría de los martes nos reunimos, hoy me gozo en lo que se han convertido, en discípulos de Jesús, que buscan caminar en la verdad y en el amor de Dios, que conocen la manera de buscar a Dios todos los días de su vida, y que también han permanecido a pesar que las circunstancias difíciles los ha tocado.

¿Como hacemos discípulos? Ensenándoles que guarden lo que Dios ha mandado, (Mateo 28:20) trabajando en la transformación de sus corazones a través de la palabra de Dios. No les enseñamos a liderar, tampoco les ensenamos a ser elocuentes, ni a tener unción, esto solo proviene del Espíritu Santo en sus vidas, nuestro deber es abrirles las escrituras, orar por ellos todos los días

amarlos con nuestro tiempo y permanencia en sus vidas, frecuentemente nos reunimos con ellos, impartiéndoles lo que Dios dice, en otras palabras, las Escrituras, para que a través de ellas sean preparados en amor para discipular a otros.
Toda la escritura es inspirada por Dios, y útil para enseñar, para redargüir, para instruir en justicia, a fin de que el hombre de Dios sea perfecto enteramente PREPARADO PARA TODA BUENA OBRA. 2da Timoteo 3:16

Sabe el amor tiene que ver con vivir en la verdad, aun sigo haciendo discipulado los martes aquí en casa, y si me pregunta ¿por qué lo hago? Le respondo: porque Jesús lo mandó, no necesita viajar tan lejos para hacerlo si posee el amor suficiente por otros, lo primero que hará es buscar a alguien a quien discipular, todos lo necesitamos y creo que es un tiempo que no debemos abandonar, enseñe siempre la verdad, no tema que las personas se vayan por eso, no tiene que maquillar nada, trabaje en sus vidas, es la manera como Dios nos ama, si usted es alguien que sigue siendo instruido por alguien en el espíritu a manera de impartición sabrá que ya está listo, abra su casa y empiece a hacerlo con otros, si permanecen en Jesús como el pámpano a la vid, seguramente personas querrán tener lo que usted tiene, y eso no es otra cosa que lo que los discípulos de Jesús encontraron en él, tanto así que se dieron cuenta que no tenían otro lugar a donde ir porque solo Jesús podría darles palabras de vida eterna. (Juan) 6:68
¿Como saber que está preparado? Sencillo; amamos cuando caminamos en la verdad, y esto empieza cuando somos convencidos por el Espíritu Santo de cambiar nuestra manera de vivir, de ajustar nuestro comportamiento a la palabra de Dios, no se confunda con gente que habla bonito, y lo hace sentir bien, siga

a alguien que habla y vive lo escrito y mandado por Dios, cuando lo encuentre, permanezca a su lado y crezca, no busque shows ni eventos de diversión, permanezca siempre en la verdad porque esa es la única manera de caminar en amor.
¿Ser discípulo es sinónimo de perfección? ¡Nunca! Siempre vamos a estar expuestos, pero mientras nuestra fuente sea la presencia de Dios, permaneciendo en oración y escudriñando la biblia, seremos convencidos de agradar a Dios, y si aun experimentamos que no escuchamos con claridad, lo invito a ayunar, y creo que usted lo tiene claro, AYUNAR, parece que es una palabra ya poco mencionada en la iglesia, debería ser una constante en el creyente, cuando sea algo personal háganlo en privado, busque al Señor con todo su corazón y pídale que le permita escuchar su voz, esto es bueno cuando aún no tenemos claridad en una situación y debemos tomar decisiones importantes. Ahora hay otras circunstancias donde para decidir no necesita ayunar y no es porque seamos autosuficientes, lo que pasa es que si la decisión a tomar va en contra de lo establecido por Dios pues, ya conocemos la respuesta, recuerdo hace poco Fernando y yo tuvimos que vernos enfrentados a algo en nuestras vidas, habíamos hechos varios trabajos para una empresa grande que nos pagaba muy bien y además eran muy cumplidos en sus pagos, recuerdo que la persona que nos llamó a contratarnos con ellos un día le habló a Fernando para decirle que le iba a enviar un numero de trabajo para hacer una factura y cobrarla a la empresa que le ofrecíamos nuestros servicios y que era de dinero de todos los trabajos hechos por todas las personas que nadie iba a cobrar, obviamente la mitad de ese dinero era para él y que así podía compensarnos por algunos trabajos que nos habían pagado relativamente baratos, la propuesta era tan maquillada que algunos podrían decir que estaba bien, el temor a Dios envolvió nuestros corazones,

sabíamos que al decir no iba a dejarnos sin trabajo con esa compañía , pero estábamos seguro que decir que si, nos iba a despojar de la paz, el amor y la seguridad de caminar en la verdad, y no tuvimos que ayunar para saber eso, Fer no discutió con aquel hombre, solo le dijo que no le iba a hacer la factura porque no estamos acostumbrados a actuar de esa manera, y que si tenía más trabajo para hacer a través de la empresa como siempre lo habíamos hecho, con gusto lo haríamos, pero no podíamos hacer lo que él nos estaba pidiendo.

¿Qué paso? Lo que esperábamos, no nos volvió a mandar más contratos para hacerle a la compañía, fueron meses difíciles, pero nunca nos hizo falta nada, nos dedicamos a atender a otros clientes, recuerdo que en mis oraciones siempre estaba este varón, lo bendecía y le pedía a Dios que lo ayudara y tuviera misericordia de él, pasó más o menos un año, y un día nos empezaron a llamar nuevamente, y empezaron a darnos contratos grandes que nos faltaban manos para trabajar, Dios nos dio tanta gracia con aquella compañía, que los directivos pusieron sus ojos en nosotros y ahora quieren que sea Fernando quien los ayude en proyectos grandes y sabe usted cual fue la persona que nos recomendó ante los grandes ejecutivos? Si, la misma a la que dijimos no, tiempo atrás.

La formación en el creyente debe hacerse desde la verdad, los mandatos de Dios es lo único que nos blinda en decisiones como estas, y si se ha recibido en un discipulado a través del espíritu, es algo que permanece para siempre.

Si alguien ama a su iglesia la va a discipular, porque es el mandato de Jesús, es la gran comisión, debe empezar en casa e irse esparciendo a medida que la iglesia crece en el conocimiento de Jesús, primero viene el crecimiento (madurez) y Dios añadirá a la iglesia los que han de ser salvos. (hechos 2:47)

A LA MANERA DE DIOS

Cuando tenía 12 años y estaba en segundo de bachiller, los maestros de escuela tenían el hábito de jugar algo que se llama el amigo secreto en el día de los enamorados y la amistad, consistía en escribir nuestro nombre en un papel, doblarlo y ponerlo en una bolsa, cada uno de nosotros debíamos sacar un papelito y el nombre que le saliera escrito era la persona a la cual debíamos traer un regalo y obviamente estaba prohibido revelar ese nombre, solo hasta el día del intercambio de regalos se delataba todo.

Recuerdo ese día como si fuera ayer, todos trajimos diferentes cosas y secretamente las dejábamos en un rincón del salón, había desde osos de peluches, jordanos, chocolates y más; los muñecos venían en bolsas transparentes y se dejaban ver en tamaño y color, como anhelaba que yo fuera la dueña de uno de esos o al menos de las cajas de chocolates, entre todos los obsequios también hubo algunos muy particulares que no se veían tan apetecidos, en especial uno que venía en forma de cuadro envuelto

en papel normal ajustado con cinta pegante al respaldo, en ese tiempo yo no oraba, pero de haberlo hecho le hubiese pedido a Dios que por favor no llevase mi nombre ese regalo tan simple.
Cuando empezó el intercambio se leía el nombre para quien fuera dirigido el regalo y al final se revelaba quien había llevado el obsequio y se descubre el amigo secreto. Veía pasar cosas hermosas frente a mí, estábamos muy entusiasmados, de pronto el profesor tomó el regalo del cuadrito para entregarlo y usted no se imagina el nombre escrito ahí; si, el mío, cuando tomé el presente no sabía que hacer, si llorar, abrirlo o esperar, obviamente estábamos obligados a destaparlo.

Cuando cobré ánimo rompí el papel y de pronto... se ve la caratula brillante y de colores de un libro de pasta dura, todos mis compañeros voltearon a mirar el regalo, tenía colores brillantes y se veía muy bonito aún recuerdo su nombre y autor, era un libro de suspenso algo que nunca me ha gustado y por esa razón jamás leí ese libro, pero sí leí su contraportada y portada mientras el maestro me llamaba por mi apellido diciendo: Bernal usted ha recibido el mejor regalo el día de hoy, me sentí tan especial, y luego al abrir el libro en la primera página Juan Ramon así se llamaba mi compañero de clase, había escrito un poema a la amistad que cuando lo leí, experimenté una inspiración a escribir y también a leer, recuerdo que ese regalo despertó en mí el amor por la lectura, busque otro tipo de literatura y hasta hoy es un hábito que guardo.
Escuche esto; aquello que no parecía tan agradable a mis ojos ni a mis sentimientos fue fundamental para ponerme en el propósito para mi vida, y creo que muchas veces rechazamos oportunidades, cosas y hasta personas que tal vez son respuestas a una oración y al amor y propósito de Dios por nosotros pero que no coinciden

con lo que nuestros ojos quieren ver o nuestras emociones están esperando, debemos experimentar la sabiduría de Dios para aprender a mirar las cosas desde su perspectiva de amar y no desde nuestros anhelos y apreciaciones porque desde nosotros muchas cosas, procesos y personas no califican, pero si oramos y pedimos a Dios que nos enseñe a mirarlas como el las ve, seguramente cambiará nuestra percepción y para eso nuestras emociones deben ser ajustadas al consejo de Dios, la mayoría de las veces este se encuentra en los más profundo de nuestro ser, pero si oramos y buscamos su guía en ayuno y las escrituras, seguramente Dios terminará guiándonos a oportunidades que aunque no se vean tan prometedoras a nuestro entendimiento, son grandes oportunidades para desarrollar nuestras habilidades y caminar hacia el propósito divino, recuerde que el justo vivirá por fe. (Romanos 1:17)

Permítame contarle una historia similar, con algunas diferencias, pero donde podremos ver firmemente la perspectiva de Dios.

Jacob era el hijo menor de Isaac y Rebeca, obtuvo la bendición de la primogenitura en un intercambio con su hermano Esaú con una comida, engañó a su padre poniéndose bellos en su cuerpo y usando la ropa de su hermano y después de aquello caminó una larga travesía en medio de sus emociones y su propósito. Todo empezó cuando llega a la tierra de su tío Labán donde fue enviado por Rebeca su madre para protegerlo de la furia de su hermano, y allí conoció a las dos hijas de Labán.

Y Labán tenía dos hijas; el nombre de la mayor era Lea, y el nombre de la menor, Raquel. Y los ojos de Lea eran delicados, pero Raquel era de lindo semblante y de hermosos parecer. Génesis 29: 16-17

Estas dos chicas estaban solteras, una estaba bien empacada que se veía preciosa y la otra digamos que venía envuelta en el mismo papel que venía el cuadrito que recibí hace muchos años, por tanto, este joven quedó totalmente enamorado de la belleza de Raquel, dice la Biblia que la amó antes de casarse a tal punto que se comprometió a trabajar 7 años por ella.

Y Jacob amó a Raquel, y dijo: yo te serviré siete años por Raquel tu hija menor. Génesis 29:18

Lea solo tenía ojos delicados, por cuanto no llamó su atención cuando la conoció.

Lo que jamás se imaginó este joven es que el día de la entrega recibiría el paquete que no era de su agrado y que seguramente jamás hubiese decidido tener por sí mismo, sus emociones se inclinaban por lo que agradaba a sus ojos, incluso no le importó trabajar otros siete años para obtener a Raquel como esposa, La Biblia nos cuenta que Raquel le trajo problemas a Jacob, ya que fue perseguido por su suegro a causa de que ella había robado los ídolos de su padre (Génesis 31:19).

Lea sin embargo fue la madre de Judá, la tribu de la cual nunca se dijo nada con respecto al sacerdocio, pero que Jesús viene de la generación del rey David quien provino de la tribu de Juda. (Hebreos 7:13-14)

Las escrituras cuentan que Jacob rechazaba a Lea, y la razón es que él nunca la había pedido ni querido tener como esposa, pero era la bendición de Dios para su vida, la bendijo tanto que fue la madre de seis de las 12 tribus, fue una mujer fructífera al recibir esa bendición de parte de Dios, al ver que era rechazada por Jacob y al final fue ella quien fue sepultada en la cueva de Macpela donde estaban Abraham y Sara e Isaac y rebeca y donde también llevaron a Jacob después de muerto. (Génesis 49:30-32)

Jacob era muy emocional por lo que tuvo que enfrentar situaciones humanamente dolorosas, la Biblia dice que trabajó muy duro por las hijas de Labán, responder por cada cosa que se extraviaba aún con su salario, el cual era cambiado constantemente por Labán, debía enfrentar altas temperaturas en el día y heladas en las noches, muchas veces no pudo dormir, pero para nadie es un secreto que Dios amó a Jacob y por tal razón tuvo cuidado de él todo tiempo y lo bendijo grandemente.
Un día tuvo un encuentro con Dios y fue transformado, descoyuntado no volvió a caminar igual que antes, creo que su manera de ver las cosas cambió, busco arreglar todas aquellas situaciones que no le daban paz, enfrentar su pasado con su hermano Esaú, regresar a sus inicios a la tierra de sus padres.
La perspectiva de Dios siempre es más alta que la nuestra y le aseguro mucho mejor. (Isaías 55:8-9)
Se que algunos de los que están leyendo esto, podrían decir; yo trato de vivir en amor con los demás, pero es hay personas que son imposibles de amar, pero es que nada puede mejorar si no enfrentamos todo eso en nuestro interior que vuelve a nosotros una y otra vez, aunque cambiemos de Nación, de iglesia, incluso algunos se divorcian y cambian de conyugue, pero donde quiera vayamos todo aquello a lo que no le hacemos frente con la verdad de Dios, terminara alejándonos del propósito de Dios.
Si como seres humanos buscamos hacer las cosas a la manera de Dios, seguramente nos evitaremos mucho dolor por el camino y con esto no estoy hablando de la ausencia de problemas claro que no, pero le aseguro que los reduciremos a los que la Biblia dice que es necesario que enfrentemos se llama PERSECUCIÓN por seguir a Jesús, y esto es muy diferente a sufrir por ser malos cristianos.

El común denominador hoy en día es querer ajustarnos a un sistema o a una sociedad que quiere imponernos sus reglas y manera de hacer las cosas, esto incluye conceptos humanos acerca del amor, pero, debemos partir de la base que nosotros somos el pueblo de Dios y que estamos llamados a amar de acuerdo con sus estatutos y mandatos, créame que la única razón por lo que la iglesia la está pasando mal es porque ha optado por hacer las cosas a su manera y por alguna razón ha abandonado la manera de Dios.
¿Cuál cree usted que es esa razón?
Lo que aprendemos según la Biblia es que siempre que el pueblo se acomoda a los beneficios que Dios le da, entonces no ve necesario seguir buscándolo y poco a poco se va conformando con su comodidad alejándose de la presencia de Dios, algunos optan inclusive por dejar de congregarse argumentado las cosas que no le gustan de la iglesia y sin darse cuenta dejan de pertenecer al cuerpo de Cristo, sus pensamientos toman control de sus vidas haciéndoles creer que no es necesario asistir siempre y cuando oren, escuche esto! Si usted es una persona que ora, una de las necesidades que Dios va a poner en su vida es reunirse con sus hermanos, así que no se deje engañar poniendo en riesgo a su generación, ellos seguramente siguen los pasos de los padres y eso mismo les transmitirán a sus hijos, si usted los ama, no pondrá en riesgo la manera de crear hábitos espirituales saludables para ellos y uno de esos es congregarse.
El no tener contacto con las escrituras pone en riesgo la permanencia en Cristo, probablemente su posición sea la de un cristiano que aún se congrega pero hace mucho tiempo dejó de ejercer disciplinas espirituales que corresponden a un hijo de Dios, tales como el leer la Biblia todos los días, orar y tener tiempos de ayunos, los cuales son características de la vida de un creyente,

no podremos resistir sin la permanencia delante de Dios, debemos comprender que somos humanos y necesitamos crecer en nuestro espíritu para así ser direccionados por Dios en la manera de hacer las cosas y si no establecemos estos hábitos, no podría decirle otra manera de hacerlo.

En algún momento de nuestras vidas hay que hacer una parada y meditar en cómo la estamos viviendo y aún más cuando los resultados no son los que queremos, si hemos perdido la paz, o no vemos que las cosas van por buen camino, nos esforzamos tratando de hacer lo mejor para que nos vaya bien y sin embargo no funciona, le tengo una buena noticia, Dios NO quiere que usted haga lo mejor que puede, él quiere que hagamos todo como él nos ha dicho, Dios NO quiere nuestras buenas intenciones, él quiere nuestra obediencia a su palabra, a lo que él dice y de la manera que él dice.

Muchas veces hacemos cosas para Dios que a nuestros ojos y de los demás cristianos parece bien, sin embargo, los resultados no son buenos, inclusive, me gustaría que se aprenda esta frase. "Las cosas no son como parecen" siempre debemos llevar todo a las escrituras y si ellas dicen que NO está bien, pues definitivamente no lo está.

Quiero llevarlo a una historia que relata mejor lo que he hablado hasta ahora, acompáñeme.

David consultó con todos sus oficiales, entre ellos los generales y capitanes de su ejército. Luego se dirigió a la asamblea de Israel con las siguientes palabras: si ustedes lo aprueban y si es la voluntad del Señor nuestro Dios, enviemos un mensaje a todos los israelitas por toda esta tierra, incluidos los sacerdotes y levitas en sus ciudades y pastizales, a que se unan a nosotros. Es hora de traer de regreso el arca de nuestro Dios, porque la descuidamos durante el reinado de Saúl Ira Crónicas 13:1-3.

Si usted leyó con detenimiento se da cuenta que algo extraordinario está a punto de ocurrir, el arca de Dios que simboliza la presencia de Dios estaba a punto de ser traída de vuelta, y toda la asamblea estuvo de acuerdo porque el pueblo comprendía que era lo correcto, y manos a la obra, empezó la coordinación para tal evento, se convocó a todo Israel y llegaron a la casa de Abinadab donde estaba el arca, la pusieron en la carreta y emprendieron camino, todos estaban muy gozosos entonaban canciones y tocando todo tipo de instrumentos musicales, que acontecimiento tan importante y maravilloso para el pueblo de Dios. De Pronto ocurre lo inesperado, los bueyes que jalaba la carreta tropezaron y Uza extendió la mano para sujetar el arca de Dios, pero fue herido de muerte por Dios, porque había puesto su mano en el arca y Uza murió. (1 Crónicas 13: 4-10)

Que tragedia! creo que nadie entendió lo que pasó en ese instante, en medio de tanto gozo y celebración, por hacer algo que a Dios le agradaría, experimentar algo tan doloroso, seguramente nos ha pasado en algunas ocasiones, que hacemos algo en nombre de Dios por amor a él y nuestras vidas se ven afectadas y no entendemos, y nos entristecemos y no sabemos qué pasa, sin embargo nos consolamos hablándonos a nosotros mismos y seguimos adelante haciendo las cosas de la mejor manera para Dios, sin preguntarnos qué fue lo que pasó, no nos detenemos a buscar en nosotros que es lo que está pasando y llegamos hasta creer que está bien que nos pasen ciertas tragedias y que tenemos que aceptar que las cosas sean así, le puedo asegurar que no es lo que Dios quiere.

Miremos a la luz de la palabra lo que pasó con el Rey David y por qué murió Uza. Después de este fatal acontecimiento, la palabra de Dios me dice que David llamó a los sacerdotes y les dijo:

Ustedes son los jefes de las familias Levitas. Deben purificarse a ustedes mismos y a todos los demás Levitas, a fin de que puedan traer el arca del Señor, Dios de Israel, al lugar que le he preparado. Como no fueron ustedes los Levitas, los que llevaban el arca la primera vez, el enojo del señor nuestro Dios se encendió contra nosotros. No habíamos consultado a Dios de cómo trasladarla de manera apropiada. así que los sacerdotes y los Levitas se purificaron para poder trasladar el arca del Señor, Dios de Israel, a Jerusalén. Entonces los Levitas llevaron el arca de Dios sobre los hombros con las varas para transportarla, tal como el Señor le había indicado a Moisés. Ira Crónicas 15:12-15.

Ohhhh, entendemos que Dios le había indicado a Moisés la manera correcta de trasladar el Arca, y no era en carreta con fuerza de bueyes, era sobre los hombros de los levitas y también era necesaria la Santidad, pero al Rey David le pareció bien hacerlo de manera diferente y el pueblo estuvo de acuerdo y lo increíble es que el Rey reconoce que no había consultado a Dios, le pareció importante consultar con las personas, pero no con Dios.
Según la historia el tiempo transcurrido desde Moisés hasta el Rey David puede ser 1000 años, créame es un tiempo suficiente para olvidar lo que se ha escuchado de generación en generación y mucho más si no nos tomamos el trabajo de consultar las escrituras para saber, qué es lo que Dios dice al respecto, tal vez le pareció que no era necesario cansar a los levitas con el arca en sus hombros cuando había una carroza nueva y bueyes disponibles para hacerlo, no le miento cuando le digo que la comodidad a

veces nos lleva a creer que ya estamos listos para caminar solos, sin el consejo de Dios esto nos aleja de la verdad y dejamos de caminar en ella, por lo tanto dejamos de permanecer en su amor y empezamos a cubrirnos con otras cosas que a nuestro parecer funcionan mejor.

Es muy triste ver como el pueblo de Dios toma decisiones sin consultar las escrituras, y peor aún influenciado por el mundo, por lo que está de moda, lo que la sociedad dice que es aceptable, no queremos cansar a la gente invitándolos a reuniones de intercesión o ayunos congregacionales, si podemos hacer todo online, que error, la Biblia establece que es bueno que habitemos los hermanos junto en armonía (Salmo 133:1)

Todavía gozamos de ciertos privilegios como reunirnos, alabar públicamente al Señor, establecer reuniones, pero estar más en contacto con las tendencias y la sociedad que con la palabra de Dios nos impide ver las cosas con claridad, y si no nos disponemos a buscar a Dios a solas, seremos engañados aun por líderes cristianos que están dispuestos a satisfacer al pueblo con tal de llenar sus iglesias o conquistar las redes sociales.

En este tiempo están trayendo nuevas maneras de ayunar, ahora los ayunos pueden ser de redes sociales y aquellos que están enfermos no pueden ayunar porque les hace mal, escuche esto: está comprobado científicamente que el ayuno es de beneficio para el cuerpo humano.

También lo están convenciendo del nuevo método de disciplinar a los hijos, el cual consiste en quitarles el celular, prohibirles que vean televisión o quitarles aquello que más les gusta y hasta se negocia con los hijos para que escojan la disciplina, lo peor de todo esto es que la iglesia lo cree, y lo acepta esta es nuestra nueva manera de amar. Por favor vaya a las escrituras y escudriñe la manera y la perspectiva de Dios. (Proverbios 13:24)

Nos esforzamos tanto por construir cosas acá en la tierra, no importa cuantas horas hay que trabajar con tal de tener lo que queremos, muchas veces terminamos exhaustos y sin nada en las manos, todo porque, aunque creemos en Dios, no creemos que su manera de hacer las cosas funcione para nosotros y que, a nuestra manera de ver, es más rápido el camino que elegimos, entonces construimos vidas que con el paso del tiempo terminan en frustración y miramos al cielo y preguntamos. ¿Qué está pasando Dios?
Está sucediendo lo que la Biblia dice que sucede cuando edificamos a nuestra manera.
El salmista lo escribió así.

Si el Señor no construye la casa, el trabajo de los constructores es una pérdida de tiempo. Si el Señor no protege la ciudad, protegerla con guardias no sirve para nada.
Es inútil que te esfuerces tanto, desde la mañana temprano hasta tarde en la noche, y te preocupes por conseguir alimento; porque Dios da descanso a sus amados. Salmo 127 :1-2

Nuestra perspectiva se ha acomodado a nuestra vista en lugar que a nuestra fe, convicciones, creencias, parámetros establecidos por Dios, o mandatos de Dios, a medida que la ciencia y la tecnología fueron avanzando, se delegaron obligaciones y deberes ineludibles para el pueblo de Dios, tales como la crianza de nuestros hijos, la responsabilidad de construir hogares sanos y firmes, la necesidad de permanecer al cuerpo de Cristo, es increíble ver padres que envían a sus hijos a la iglesia con la esperanza de que sean transformados, pero ellos mismos no están dispuestos a pertenecer a un núcleo cristiano donde puedan crecer y aprender a construir a la manera de Dios, lo más doloroso de todo esto es que está en riesgo las nuevas generaciones, quienes en su desconocimiento acuden a aquello que para ellos es más fácil, buscan el consejo en aquellos que a sus ojos son grandes y tienen una vida feliz, tales como actores cantantes, futbolistas y la lista es larga.

Este tiempo ha llegado para dejarnos ver lo equivocados que hemos estado y déjeme decirle que duele mucho despertar y ver cuánto terreno hemos cedido, en los afanes de buscar lo terrenal hemos olvidado lo eterno, lo que permanece para siempre, sembrar espiritualmente en los corazones de nuestros hijos es la más grande herencia que les podemos dejar, enseñarles acerca de la oración, el ayuno, la lectura de la palabra, la búsqueda de su identidad en Cristo, la valía que tienen escrituralmente y la importancia de la permanencia en él a pesar de las circunstancia, enseñarles a construir sobre la roca nos devuelve la paz y la confianza que pase lo que pase si hacemos y caminamos como Dios dice que debemos hacerlo, las cosas van a terminar bien. Hace solo unas horas hablábamos con nuestra hija acerca de una decisión que ella necesitaba tomar financieramente, y llegó un momento donde el Espíritu Santo me llevó a recordarle la importancia de construir en un fundamento sólido y le recordamos el orden de distribuir sus finanzas cada vez que le llegaba el cheque, le estuvimos hablando del diezmo, el ahorro, ayudar a los demás y también tocamos el tema de la honra a los padres, ella me miró como diciéndome que no se lo repitiera tanto, a lo que respondí que era necesario repetirlo todos los días, de día y de noche ya que la escritura me enseñaba que así debía hacerlo (Deuteronomio 6:7-9) y que tengo la responsabilidad de recordarse porque la amo y quiero que las cosas terminarán bien para ella y su generación.

A veces nos sentimos incómodos por hablar de esto con nuestros hijos, pero déjeme decirle algo, si su generación no lo está escuchando y viendo en usted, si no se está tomando el trabajo de enseñarles a orar y repetirles los mandamientos de Dios, les está ocasionando un daño terrible, que seguramente va a lamentar con el tiempo. después de terminada nuestra conversación mi hija se fue al trabajo y al poco tiempo de haber salido de casa me envió un mensaje de texto, ofreciendo una disculpa y pidiéndome que por favor no dejará de recordarle todos los días lo que Dios decía y que entendía que lo hacía porque la amaba.

Es por eso por lo que no debemos construir para el momento, debemos hacerlo tan firme que resista el paso del tiempo, y que trascienda cuando ya no estemos acá en la tierra, nuestra vida debe ser recordada por nuestra generación como algo valioso que vale la pena imitar y la única manera de hacerlo es vivir en amor OBEDECIENDO lo que Dios dice y para eso debemos conocerlo a él a través de su palabra, no solo llamarlo Señor de nuestras vidas, lo verdaderamente trascendente es hacer lo que él dice.

Jesús dijo.

Así que, ¿por qué siguen llamándome "! ¡Señor, Señor!" cuando no hacen lo que digo? Les mostraré como es cuando una persona viene a mí, escucha mi enseñanza y después la sigue. Es como una persona que, para construir una casa, cavó hondo y echa los cimientos sobre roca sólida. Cuando suben las aguas de la inundación y golpean contra esa casa, esta queda intacta porque está bien construida. Pero el que oye y no obedece es como una persona que construye una casa sin cimientos. Cuando las aguas de la inundación azoten esa casa, se derrumbará en un montón de escombros. Lucas 6:46-49

Que sabio es el Señor para enseñarnos su manera de hacer las cosas, los buenos hábitos han sido desplazados por lo rápido y más fácil, es más sencillo comer que ayunar, dormir que velar, estar acostado en un mueble con sus hijos viendo una película que estar sentados en la sala leyendo las escrituras, ir a la playa, al cine o quedarse en cama que ir a la iglesia, inclusive para algunos es más cómodo reunirse con aquellos que no le incomodan a crecer espiritualmente, que permanecer al lado de los que con su manera de vivir exhortan al cambio de vida y lo más terrible de todo esto es que si nos acostumbramos a lo rápido, instantáneo y sencillo, todo lo que construyamos será tan débil como fundamentar en la arena y cuando los hijos crecen y vienen los vientos fuertes despertamos a un dolor profundo de no haber edificado en la roca, solo para darnos cuenta que con una vida cerca de Jesús en obediencia al padre, creciendo en el conocimiento de él, nos habríamos evitado tantos desastres.

La buena noticia es que, si usted está leyendo este libro, quiere decir que todavía está vivo, y entonces tiene oportunidad, tómese su tiempo para pedirle a Dios que examine su corazón, y que lo libere de todo aquello que a él no le agrada, acuda al nombre de Jesús en quien usted ha creído y ruegue para que el Espíritu Santo lo guie a toda justicia y a toda verdad, dígale que quiere permanecer en él todos los días de su vida y que le enseñe a construir una vida para él. Le aseguro que Dios está pronto a socorrerlo, lo sé, porque La Biblia lo dice, *el que confiesa sus pecados y se aparta de ellos alcanzará misericordia. Proverbios 28:13 b.*

Ha escuchado alguna vez la frase: yo lo amo a mi manera, creo que infinidad de veces, bueno déjeme decirle que esa manera no es la correcta porque está comprobado que la manera del hombre nunca es la manera de Dios.

Tal vez no entendamos la manera como Dios nos ama, pero no nos corresponde entenderlo, lo único que debemos hacer es recibirlo y aceptar su amor, sabiendo que esa manera de amar no nos dañará ni nos defrauda, el caminar en la verdad es vivir en amor y eso nos sana y seguramente seremos prosperados en todas las cosas. (3ra Juan 2)

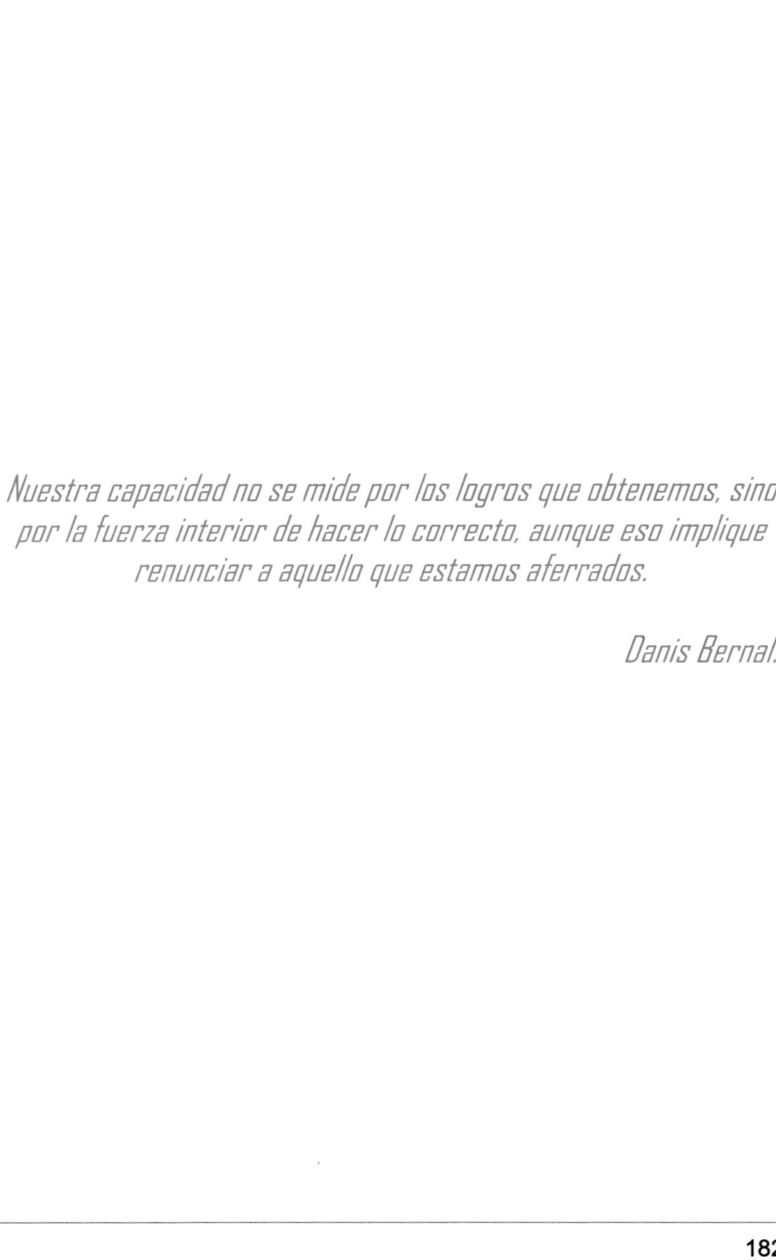

Nuestra capacidad no se mide por los logros que obtenemos, sino por la fuerza interior de hacer lo correcto, aunque eso implique renunciar a aquello que estamos aferrados.

Danis Bernal.

LAS CIRCUNSTANCIAS Y EL AMOR.

Hace algunos días una de mis hijas me habló acerca de cómo se sentía con respecto a la situación que el mundo vive en estos tiempos, ella se estaba refiriendo a todas las circunstancia que nos rodeaban en ese momento, se estaban escuchando acerca de muchos tragedias a nivel mundial, recientemente tuvimos una pandemia, guerras en el medio oriente y me expresó que era la primera vez que ella experimentaba tantos acontecimientos tan seguido uno del otro, lo cual parecía desalentarla con respecto a las metas y propósitos que ella estaba trabajando con la dirección de Dios. Esto me dio una alerta de cómo esta generación estaba viendo y viviendo el mundo actual lo cual me llevó a orar por eso y pedirle a Dios una dirección para guiar a mis hijas y a otros jóvenes al respecto.

En 2da de Timoteo 3:1 Dios nos habla acerca de cómo será el comportamiento de parte de la humanidad en los postreros días, lo curioso de esto es que cuando leemos esta escritura pareciera que ese tiempo es muy lejano a nosotros aún, pero realmente ya lo tenemos acá, los hombres en este tiempo están preocupados por sí mismos, es una generación que nos respeta a los padres, donde los hermanos se traicionan entre sí y la lista continua, entonces recordé con mucha precisión como había sido mi niñez y mi juventud y en verdad debo admitir que el panorama no era nada alentador. nací en un pueblo muy pequeño en Colombia, se llama Pueblo Bello, obviamente al día de hoy ya no es pequeño, recuerdo haber quedado huérfana muy pequeña, mi padre fue víctima de la violencia que vivíamos en ese tiempo, crecí en medio de tomas guerrilleras y homicidios por doquier, y cuando llegó mi juventud decidí trasladarme a la capital con la esperanza de encontrar algo mejor, y me vi enfrentada al tiempo del narcoterrorismo en Colombia, una bomba podría estallar en cualquier lugar y en cualquier momento lo cual no garantiza la seguridad de nadie, entonces me pregunté. ¿cómo hice para sobrevivir y continuar adelante construyendo sueños y propósitos? y la respuesta llegó a mi corazón; DIOS TENÍA UN PLAN, y es que estoy convencida que en todos los tiempos el sigue siendo el mismo, nunca cambia, donde no hay nada él hace cosas nuevas, puede decirle a mi hija, tu futuro no depende de las circunstancias porque éstas no nos definen, tu destino está en las manos de Dios, recordé que tuve una abuela que siempre oraba y que seguramente lo hacía por su generación, y mientras alguien en casa se levante a pelear por su familia, hermanos, padres hijos en oración, puede estar seguro que Dios actuara de acuerdo a su voluntad para que el propósito establecido por el mismo se lleve a cabo.

¿Recuerdan a Lenyn y Patricia? Los chicos que perdieron a su bebe de seis meses, les dije que me escucharan hablar de ellos nuevamente y aquí estamos de vuelta, en un testimonio que nos muestra y nos declara que ninguna circunstancia que nos rodee define lo que vas a ser o lo que vas a tener, todo en nuestra vida está sujeto a nuestra relación con Dios a través de Jesús, y caminar en amor obedeciendo a su palabra, si como creyentes nos determinamos a creer a lo que Dios dice y a actuar de acuerdo a lo establecido en su palabra créame! su vida no dependerá de los acontecimientos externos por muy cercanos que estén a nosotros es más ni siquiera si están moviéndose en nuestras mismas vidas. Estos dos jóvenes después de haber perdido a su bebe y haber sido restaurados por Dios, continuaron su vida en la búsqueda de construir una familia para él, ellos sabían que era lo que el Señor les había prometido y emprendieron de nuevo creyendo que estaban preparados para la bendición de la fructificación, pasaba el tiempo y Patricia no quedaba embarazada, llegaron cinco años después de la pérdida de su bebe y ella no concebía nuevamente, por lo que consideran consultar a un médico, no entendían la razón por la cual después de tanto tiempo intentando no se daba el embarazo, el doctor les mandó a hacer los exámenes correspondientes, a patricia le habían encontrado el síndrome del ovario poliquístico , esas es una enfermedad donde la mujer tiene un nivel muy elevado de hormonas (andrógenos) produciendo muchos problemas incluyendo irregularidades menstruales e infertilidad, además de eso sufrió de hidrosálpinx es una de las enfermedad en el aparato reproductor femenino más comunes pero puede ocasionar consecuencias graves como la extirpación de las trompas si no es tratada a tiempo, como resultado de esto a ella le extirparon la trompa derecha, los estudios también dijeron que la trompa izquierda de Patricia sufría de anovulación es una de las causas más frecuentes de infertilidad, a este informe le sumaron los de Lenyn el cual decía que los resultaron arrojaron oligozoospermia, esto se produce cuando un hombre tiene menos de 15 millones de espermatozoides por mililitro, y Lenyn solo tenía 8 millones por lo que era muy difícil fecundar de manera natural. Creo que acabo de darles una información donde Lenyn y Patricia

tenían razón para estar devastados, habían perdido a su pequeño Samuel y ahora toda posibilidad de volver a ser padres estaba anulada por las circunstancias.
Sin embargo, los doctores le hablaron de la opción de adoptar y ellos nunca han estado en contra de esta manera de ser bendecidos, pero sus corazones ardían fuerte a causa de la palabra que Dios les había dado.

Sirve solamente al Señor tu Dios. Si lo haces, yo te bendeciré con alimento y agua, y te protegeré de enfermedades. No habrá en tu tierra ninguna mujer que pierda su embarazo o sea estéril; te daré una vida larga y plena. Éxodo 23:25-26 NTV

Claro, en algún momento se veían enfrentados con su fe , pero ellos estaban dispuestos a creer que Dios es Santo y no miente, cobraron ánimo y seguían aferrados a la posibilidad que Dios les daría un hijo, y aunque las circunstancias no estaban bien, decidieron vivir por fe, recibieron la opción de fertilización in vitro, lo cual es un método efectivo y ellos calificaban para este procedimiento, obviamente los gastos financieros también eran altos, pero por una bendición tan grande como tener un hijo anhelado no hay sacrificio que sea grande, SIN EMBARGO, esto les golpeaba sus convicciones, pues no querían hacer nada que Dios no había establecido en las escrituras, ellos en realidad creían que si Dios lo Dijo, Dios lo haría, y siguieron caminando la senda de la fe, por la cual el justo transita cuando se decide dejar a un lado la religión y vivir en una relación continua de dependencia absoluta del creador del cielo, la tierra y todos lo en ellos hay (Salmo 146:6).
Escribir acerca de ellos dos me emociona porque he tenido la oportunidad de seguir muy cerca sus vidas, hemos transitado algunas circunstancias en oración juntos y he visto a Dios

glorificarse en ellos, y como este libro es acerca del amor, me parece que es fundamental que usted conozca este testimonio, ya que Lenyn fue muy confrontado con su fe en este tiempo, a tal punto de buscar la respuesta en la presencia de Dios, y es que muchas veces vamos por palabras de aliento, solo para darnos cuenta que Dios quiere sanarnos a través del AMOR el cual también es manifiesto a través del perdón.

La mayoría de las veces pensamos que las circunstancias en nuestras vidas son externas, en lo personal nada proviene de lo externo, siempre vamos a estar lidiando con situaciones internas que cuando las confrontamos en nuestras vidas y las solucionamos, lo externo empieza a moverse de una manera que todo toma el lugar que debe tener según la bondad de Dios derramada en nuestras vidas. Un día Dios habla al corazón de este varón acerca de una situación que había en el interior de su ser con un familiar cercano, él estaba seguro que al haber puesto distancia con esta persona y saludarla en los momentos que era necesario ya estaba solucionado, pero a veces lo que es correcto para nosotros no llena los estándares del AMOR de Dios, por tal razón el Espíritu Santo habló a su vida de ,manera clara, diciéndole que debía hablar con esa persona exponiendo su perdón y arreglarlo en su corazón, yo creo que para Lenyn el estar pasando por las circunstancias que tenía y experimentar dar ese paso de obediencia no debió ser fácil, pero el estar delante de Dios exponiendo nuestra necesidad de manera genuina, clamando por algo que humanamente era imposible, hace que nuestro corazón se vuelva más sensible a la voluntad de Dios en nuestras vidas, y es claro que el entendió que debía moverse en AMOR y esto implicaba un acto de obediencia y perdón por lo que accedió e hizo conforme Dios le había dicho.

Recuerde la promesa que Dios les había dado. Sirve solamente al señor tu Dios, SI LO HACES te bendeciré.
Este acto de AMOR fue fundamental en sus vidas, el obedecer a Dios no solo trajo paz a ellos sino que les dio la fuerza para descansar en Dios y esperar su manifestación en sus vidas, y ese día llegó, no mucho tiempo después Patricia empezó a sentir náuseas y por un momento pensó que algo le había sentado mal, y no era porque habían dejado de creer, sino que se habían abandonado por completo a la palabra de Dios, se hizo una prueba casera y efectivamente estaba embarazada, recuerdo el día que me dieron la noticia, su rostro reflejaba una sonrisa que si hubiesen tratado de ocultar estoy segura no hubiesen podido, fue una noticia que trajo regocijo a toda la iglesia porque era ver el poder de Dios actuando en la debilidad de dos personas que nunca dejaron que las circunstancias los obligará a tomar decisiones en su humanidad, sino que decidieron que la palabra de Dios determinara el rumbo de sus vidas, habían decidido caminar en AMOR rompiendo con lo que las circunstancias les dictaminaban.

Hoy nuestro precioso Adrián tiene 12 años, y es todo un caballero que rige sus comportamientos por las escrituras, qué felicidad para esta pareja, ellos continuaron sus vidas con los ojos puestos en Jesús, disfrutando de su bendición, y un día como hoy el cual hizo el Señor, Patricia se sintió nuevamente con síntomas después de 5 años Dios les regala a la pequeña Zoe, y es que su propósito continua caminando en cada paso que damos, Dios sabía que esta muñeca venia con voz de trompeta, pues cada vez que eleva una oración al Señor lo hace con la convicción que el Señor la escucha. Seguramente su corazón esta tan regocijado como el mío al escuchar de ellos, hemos comprobado que el AMOR tiene el poder de sanar y restaurar, no quiero imaginar que esta pareja pudo haber perdido la oportunidad de ser tan bendecidos con generación bendita, cuando los miro me parece que Dios maneja cierto humor y se ríe algunas veces de ver nuestra manera de pensar, porque dentro de los planes de Lenyn y Patricia no esperaban que Dios les diera un segundo bebe pues estamos convencidos que Adrián fue un milagro por lo tanto la pequeña Zoe fue la muestra de que cuando Dios restaura algo lo hace por completo y para siempre, y la fertilidad de esta pareja se restauró, al tal punto que pensaron que podían quedar embarazados otra vez, por tanto Lenyn tomó la decisión de hacerse la vasectomía, puesto que medicamente Patricia no tenía nada para operarle reproductivamente, PERO, como a Dios nadie le dice cuando detenerse, hoy disfrutamos de la preciosa Lena quien llegó 3 años después de Zoe, si señores! después de ser infértiles le sumaron una vasectomía a su condición y a pesar de eso Patricia volvió a concebir y Dios les regaló su tercer hijo, solo un Dios tan poderoso, santo y bueno puede hacer esto, no importa la circunstancia que nos rodeen, si nos levantamos en contra de todo aquello que va en contra de lo establecido en la palabra de Dios y creemos con todo el corazón que él sigue siendo el mismo, ayer hoy y siempre, el señor no ha mudado, sigue amándonos y deseando que construyamos nuestras vidas en su verdad que no es otra cosa que caminar en amor los con los otros impartiendo y pidiendo perdón.

Se que para algunas personas es extremo el hablar de esperar la manifestación de Dios, pero he aprendido a través de las escrituras que la forma en que Dios sigue actuando en la vida del ser humano es la misma, o sea: cuando alguien se decide creerle a él, las cosas que para un ser humano no son necesarias por el avance de la ciencia, para el que vive por relación se hacen determinantes.

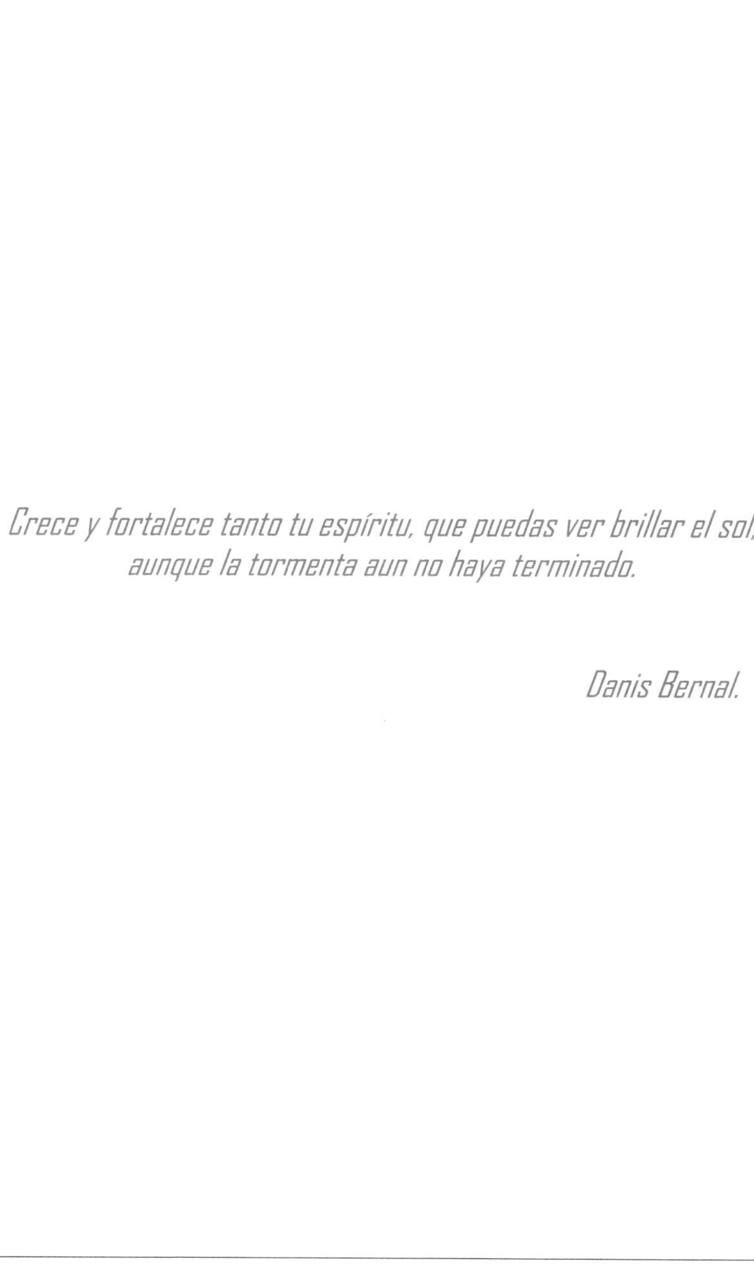

Crece y fortalece tanto tu espíritu, que puedas ver brillar el sol, aunque la tormenta aun no haya terminado.

Danis Bernal.

CONCLUSIÓN.

Es increíble la manera como somos alentados a alcanzar nuestras metas, hemos escuchado cosas como si tienes que pagar un precio muy alto para alcanzar tus sueños, debes hacerlo, también se nos ha dicho que todo cuesta y por la victoria a donde nos toque ir debemos hacerlo, nos enseñan a sacrificar cosas a cambio de todo eso, los padres sacrifican el tiempo con sus hijos para trabajar duro y alcanzar el bienestar anhelado, los hijos meten a sus padres ancianos al cuidado de otros porque no tienen tiempo para atenderlos, parejas que se divorcian porque están descontentos con lo poco que el otro trae a casa, hermanos que viven en discordia porque no se sienten tratados de la manera justa según su esfuerzo. Lo curioso es que de todo por lo que nos dicen que debemos luchar, sueños, metas de profesión, anhelos de corazón, el éxito, la fama, la prosperidad y todo aquello que se supone debemos conseguir cuesta arriba, la Biblia establece que ellas nos alcanzarían a nosotros sí solo escuchamos y obedécenos a Dios. (Deuteronomio 28: 1-14).

¿Ha escuchado a alguien alentar a otro a trabajar duro por mantener la paz con otro? ¿A sacrificar lo que sea para lograr vivir en cordialidad y verdad con otra un ser humano? ¿Ha oído un llamado a trabajar duro en su vida para permanecer en amor? ¿O ha visto a alguien decir a otro? La meta más alta es amar como Jesús nos amó. No, sin embargo es la única meta que como seres humanos debemos perseguir, es algo en lo que debemos trabajar día a día en nuestros corazones, debemos luchar para hacer morir aquello que no nos conduce hacia el amor por otros, (Colosenses 3:5) nuestra dedicación más grande debe ser, conocer con cuanto amor hemos sido amados en toda su profundidad, anchura, altura y largo para así entender que la única necesidad que tenemos es la de perdonar, amar, pedir perdón, arrepentirnos, buscar acercarnos, extender gracia, bajar los brazos y cuando experimentemos que nuestro corazón quiere caminar hacia allá, entonces habremos iniciado el camino hacia la meta más alta que un ser humano puede proponerse llegar sin preguntarse si el tiempo le alcanzare o no, porque como dijo alguien que conoció a Jesús después de haber odiado, perseguido, encarcelado y hasta asesinado creyentes.

Hermanos, yo mismo no pretendo haberlo ya alcanzado; pero una cosa hago: olvidando ciertamente lo que queda atrás, y extendiéndome a lo que esta adelante, prosigo a la META, al premio del supremo llamamiento de Dios en Cristo Jesús. Filipenses 3:13-14

Probablemente alguien que no es creyente se está preguntando, como funciona esto para usted. Le digo; empieza con recibir el amor de Dios en su corazón, ese amor fue derramado en la vida de Jesús en la cruz del calvario, ya no tiene que vivir ajeno a lo que Dios tiene para su vida, no importa lo que haya hecho o lo que esté pasando, hoy tiene la oportunidad de cambiarlo todo, entréguele su vida a Jesús, dígale que lo necesita, que lo salve y que lo lleve a vivir al reino de la luz, debe decírselo y pedírselo con sus labios, después de que lo haga, crea que ha sido hallado por aquel que lo amó de tal manera que entregó a su único hijo para que todo aquel que en el crea no se pierda sino que tenga vida eterna, esto debe hacerlo por fe, y empiece un camino hacia la meta del supremo llamamiento, conozca a Jesús a través de las escrituras, busque una iglesia de sana doctrina y asista, reciba discipulado, permanezca en la oración y muy pronto se encontrará caminando hacia una meta que entre más duro trabaje, más satisfacción va a experimentar, no se detenga busque la ayuda de Dios para caminar hacia allá, renuncie a todo en su vida que no va acorde con lo que Dios escribió, sacrifique tiempo invertido en lo que perece por buscarle a él, le aseguro algo, al final del camino estará satisfecho de haberse esforzado por caminar hacia LA META MAS ALTA, EL AMOR.

AGRADECIMIENTOS.

Al grandioso y maravilloso Espíritu Santo, nada haríamos sin tu inspiración, Gracias infinitas por iluminar mi sendero, por hacerme entender el camino, por tu fuerza y amor los cuales fueron determinantes en momentos de duda y desesperanza, la motivación siempre fue encontrarme contigo en cada lugar y momento donde escribí este libro, gracias por siempre instruirme para recibir de ti en cada instante, anhelo y espero con todo mi ser, seguir trabajando contigo por siempre.

Gracias mil, a todos aquellos que de una u otra manera, hicieron que este manuscrito sea una realidad. He recibido tanta gracia de parte de Dios al ponerlos en mi camino en este tiempo, a los que estuvieron cerca y también a aquellos que desde la distancia se pronunciaron diciendo, ¡yo te ayudo! Gracias, mil gracias, pido a Dios que el AMOR sea su meta más alta y alcance a todo quienes los rodean.
A mi amado esposo. Fer, gracias por respaldar mi llamado, gracias por apoyarme tanto y entender cada momento que hemos caminado juntos, de la mano de Jesús.

Manuela y Gabriela, veo en el hecho de escribir este libro, que ya han sido transformadas, gracias por su aporte en cada detalle, son un regalo de Dios en nuestras vidas.

A mis pastores, Carlos y Yolima Quintana, ver la manera como aman y su capacidad de responder al rechazo y la ofensa con amor, muestra la humildad que proviene de la sabiduría, gracias porque eso me anima a creer que vale la pena seguir esta META.

Lenyn y Patricia, nunca pensé que nuestros discipulados podían gestar tanta fuerza hacia un propósito, gracias por permanecer firmes en su fe y entender los tiempos de Dios.

Claudia Forero, la distancia nunca ha sido una barrera, amo tu generosidad y disposición para ayudar, gracias por creer aún sin ver.

GRACIAS.

Made in the USA
Columbia, SC
22 March 2024